El Método de Aprendizaje *South Beach* para Francés conversacional

Por Erasmus Cromwell- Smith

Este curso es radicalmente distinto a ningún otro en el sentido de que usted revisitará la gramática del español a los efectos de refrescar ciertas reglas y prácticas de nuestro lenguaje.

Como verá, hay muchas cosas que decimos de cierta manera, simplemente por costumbre, sin saber si están bien dichas o no, sin ni siquiera saber por qué hablamos así.

El supuesto es sencillo, regresamos y revisitamos nuestro lenguaje a los efectos de aprender ciertos conceptos para poder traducir de manera exacta el francés, en otras palabras, la manera como construimos las frases con las que hablamos nuestro idioma tienen que ser gramaticalmente correctas para que también podamos traducir al francés correctamente, porque si nuestra oración en español es gramaticalmente incorrecta, la traducción de la misma al francés también lo será.

Francés Conversacional

➢ Este curso le permitirá aprender francés con solo unas pocas horas de estudio.

➢ Este curso desvirtúa completamente la creencia acerca de que el francés es un idioma muy difícil de aprender.

➢ De hecho, ambos idiomas se hablan de la misma manera (casi como una imagen en un espejo).

➢ La fundación de este programa son Los Verbos Infinitivos.

➢ Usted aprenderá a hablar francés a través de cuatro formatos en fórmula que simplifican significativamente el cómo hablar francés. Todos ellos basados en Los Verbos Infinitivos.

➢ Este curso también enseña cómo pronunciar correctamente las palabras en francés.

➢ Así mismo, permite estudiar y aprender la mayoría de los verbos en francés, únicamente en el tiempo infinitivo, prácticamente sin aprender las conjugaciones, las cuales toman muchísimas horas de aprendizaje.

➢ En este curso se estudian los cuatro verbos "gatillo" y sus conjugaciones. Estos verbos, una vez aprendidos, permiten establecer prácticamente cualquier tipo de conversación.

Los 14 Pasos de aprendizaje

> El Francés
> Es muy
> **Fácil**
> De aprender e igualmente
> **Fácil de hablar**

Empecemos

En gran parte:

➤ El francés se habla de la misma manera como se habla el español.

➤ La mayoría de las reglas gramaticales (incluyendo sus nombres) son las mismas.

➤ Las frases son estructuradas de la misma manera.
  Adicionalmente, muchas palabras son muy similares pero pronunciadas
  de manera diferente.

Entonces, ¡desmontemos juntos la idea de que el francés es un idioma difícil de aprender!

1er. Paso de Aprendizaje

Todo comienza con

las 5 vocales

¡Aprenda a pronunciarlas correctamente!

Primero Lo Basico

Vocal en francés	Pronunciación en francés Fácil: La pronunciación está entre paréntesis ( )					
	Lea en voz alta	otra vez	otra vez	otra vez	otra vez	otra vez
A (Aa)	(Aa)	(Aa)	(Aa)	(Aa)	(Aa)	(Aa)
E (Oe)	(Oe)	(Oe)	(Oe)	(Oe)	(Oe)	(Oe)
I (i)	(i)	(i)	(i)	(i)	(i)	(i)
O (Oo)	(Oo)	(Oo)	(Oo)	(Oo)	(Oo)	(Oo)
U (Uu) *con labios redondeados*	(Uu)	(Uu)	(Uu)	(Uu)	(Uu)	(Uu)

Ahora practiquemos juntos en voz alta

Ahora hágalo más rápido: **Aa-Oe-i-Oo-Uu**   aún más rápido: **Aa-Oe-i-Oo-Uu**

Siga practicando: **Aa-Oe-i-Oo-Uu**   **Aa-Oe-i-Oo-Uu** Hasta que lo memorice

Repita y memorice los sonidos
Trate de hacerlo más y más rápido

2do. Paso de Aprendizaje

Lo siguiente es aprender

El Alfabeto

¡En (parénthesis) encontrará la pronunciación en francés!

Pronunciación y fonética del Alfabeto en francés

A (aa)	B (beh)	C (ceh)	D (deh)	E (oe)	F (f)
G (zheh)	H (ash)	I (i)	J (zhee)	K (kah)	L (ell)
M (ehm)	N (ehn)	O (oo)	P (peh)	Q (kee)	R (ehr)
S (ess)	T (teh)	U (uu)	V (veh)	W (doobluh veh)	
X (eeks)	Y (ee grehk)	Z (zehd)			

2do. Paso de Aprendizaje

También es muy útil Aprender

Los Números

Lección No. 1 : Parte E 3

Uno **Un**	Dos **Deux**	Tres **Trois**	Cuatro **Quatre**	Cinco **Cinq**	Seis **Six**	Siete **Sept**	Ocho **Huit**	Nueve **Neuf**
Diez **Dix**	Veinte **Vingt**	Treinta **Trente**	Cuarenta **Quarante**	Cincuenta **Cinquante**	Sesenta **Soixante**	Setenta **Soixante-Dix**	Ochenta **Quantre-Vingts**	Noventa **Quatre-Vingts Dix**

Cien **Cent**	Doscientos **Deux cents**	Trescientos **Trois cents**	Cuatrocientos **Quatre cents**
Quinientos **Cinq cents**	Seiscientos **Six cents**	Setecientos **Sept cents**	Ochocientos **Huit cents**
Novecientos **Neuf cents**	Mil **Mille**	Diez mil **Dix mille**	Cien mil **Cent mille**
Un millón **Un million**	Cien millones **Cent million**	Mil millones/Un millardo **Un milliard**	Un trillón **Un billion**

El método de aprendizaje South Beach para Francés conversacional

3er. Paso de Aprendizaje

Una vez aprendidos el alfabeto y las vocales, el próximo paso es aprender:

Los Pronombres

Je – Tu		¡Fácil Solo Léalo! ()
Léalo en voz alta Yo – Je (jeuh)	Léalo en voz alta Usted – Tu (tu)	*con labios redondeados*
Léalo en voz alta Yo – Je (jeuh)	Léalo en voz alta Usted – Tu (tu)	*con labios redondeados*
Léalo en voz alta Yo – Je (jeuh)	Léalo en voz alta Usted – Tu (tu)	*con labios redondeados*
Léalo en voz alta Yo – Je (jeuh)	Léalo en voz alta Usted – Tu (tu)	*con labios redondeados*
Léalo en voz alta Yo – Je (jeuh)	Léalo en voz alta Usted – Tu (tu)	*con labios redondeados*
Léalo en voz alta Yo – Je (jeuh)	Léalo en voz alta Usted – Tu (tu)	*con labios redondeados*
Léalo en voz alta Yo – Je (jeuh)	Léalo en voz alta Usted – Tu (tu)	*con labios redondeados*
Léalo en voz alta Yo – Je (jeuh)	Léalo en voz alta Usted – Tu (tu)	*con labios redondeados*

Recuerde en francés Yo es **Je** , Usted es **Tu**

Il – Elle		¡Fácil Solo Léalo! ()
Léalo en voz alta El – Il (ile)	Léalo en voz alta Ella – Elle (ele)	
Léalo en voz alta El – Il (ile)	Léalo en voz alta Ella – Elle (ele)	
Léalo en voz alta El – Il (ile)	Léalo en voz alta Ella – Elle (ele)	
Léalo en voz alta El – Il (ile)	Léalo en voz alta Ella – Elle (ele)	
Léalo en voz alta El – Il (ile)	Léalo en voz alta Ella – Elle (ele)	
Léalo en voz alta El – Il (ile)	Léalo en voz alta Ella – Elle (ele)	
Léalo en voz alta El – Il (ile)	Léalo en voz alta Ella – Elle (ele)	
Léalo en voz alta El – Il (ile)	Léalo en voz alta Ella – Elle (ele)	

Recuerde en francés El es Il, Ella es Ele

Nous – Vous

¡Fácil Solo Léalo! ()

Léalo en voz alta Nosotros – Nous (nuu)	Léalo en voz alta Ustedes – Vous (vuu)
Léalo en voz alta Nosotros – Nous (nuu)	Léalo en voz alta Ustedes – Vous (vuu)
Léalo en voz alta Nosotros – Nous (nuu)	Léalo en voz alta Ustedes – Vous (vuu)
Léalo en voz alta Nosotros – Nous (nuu)	Léalo en voz alta Ustedes – Vous (vuu)
Léalo en voz alta Nosotros – Nous (nuu)	Léalo en voz alta Ustedes – Vous (vuu)
Léalo en voz alta Nosotros – Nous (nuu)	Léalo en voz alta Ustedes – Vous (vuu)
Léalo en voz alta Nosotros – Nous (nuu)	Léalo en voz alta Ustedes – Vous (vuu)
Léalo en voz alta Nosotros – Nous (nuu)	Léalo en voz alta Ustedes – Vous (vuu)

Recuerde en francés Nosotros es **Nous**, Ustedes es **Vous**

Ils/Elles – Il/Elle

¡Fácil Solo Léalo! ()

Léalo en voz alta *masculino/ femenina* Ellos – Ils (ill)/ Elles (ell)	Léalo en voz alta *masculino/ femenina* Eso/Esto – Ca (sa)/Ce (se)
Léalo en voz alta Ellos – Ils (ill)/ Elles (ell)	Léalo en voz alta Eso/Esto – Ca (sa)/Ce (se)
Léalo en voz alta Ellos – Ils (ill)/ Elles (ell)	Léalo en voz alta Eso/Esto – Ca (sa)/Ce (se)
Léalo en voz alta Ellos – Ils (ill)/ Elles (ell)	Léalo en voz alta Eso/Esto – Ca (sa)/Ce (se)
Léalo en voz alta Ellos – Ils (ill)/ Elles (ell)	Léalo en voz alta Eso/Esto – Ca (sa)/Ce (se)
Léalo en voz alta Ellos – Ils (ill)/ Elles (ell)	Léalo en voz alta Eso/Esto – Ca (sa)/Ce (se)
Léalo en voz alta Ellos – Ils (ill)/ Elles (ell)	Léalo en voz alta Eso/Esto – Ca (sa)/Ce (se)
Léalo en voz alta Ellos – Ils (ill)/ Elles (ell)	Léalo en voz alta Eso/Esto – Ca (sa)/Ce (se)

Recuerde en francés Ellos es **Ils/Elles**, Eso/Esto **Ca/ Ce**

Sumario	Pronombres	¡Fácil Solo Léalo!
Continuemos Practicando	Yo – **Je (jeuh)**	Pronúncielo 5 veces
	Usted – **Tu (tu)** *con labios redondeados*	Este también 5 veces
	El – **Il (ille)**	Este también 5 veces
	Ella – **Elle (elle)**	Continúe 5 veces también
	Nosotros – **Nous (nuu)**	Pronúncielo 5 veces
	Ustedes – **Vous (vuu)**	Este también 5 veces
	masculino/ femenina Ellos – **Ils (ill)/ Elles (ell)**	Continúe 5 veces también
	masculino/ femenina Eso/ Esto – **Ca (sa)/ Ce (se)**	Continúe 5 veces también

4to. Paso de Aprendizaje

Las siguientes

Palabras Mágicas

Son esenciales en cualquier conversación

¡PRACTÍQUELAS!

Introduzcamos 10 palabras que son esenciales en cualquier conversación

un/ uno/ una	**un** (*masculino*) **une** (*femenina*)	Sì No	**Oui** **Non**
Il, Lo, La, I Gli, Le	**La** (*masculino*) **Les** (*femenina*) **Les** (*plural*)	A, in	**À** (*heures*) **Chez** (*endroit*) **au(x)** (*activité*) **En** (*moment*)
E	**Et**	A	**À** **Vers** (*dirección*)
Con	**Avee**	Quello, Quella, Quel	**Ce / Cette / Là** (*Referido a persona/cosa/lugar*) **Qui** (*Sujeto*) **Que** (*objeto*)
O	**U**	Questo	**Ce-ci/ Cet-Ci/ Celui-ci / Celle-ci**

Cosa	**Quoi**	Ma	**Mais**
Quando	**Quand**	Di chi	**Dont**
Dove	**Où**	Chi	**Qui**
Perché	**Pourquoi/ Parceque**	Quale	**Quel/Quelle/Lequel/Qui** *(sujeto)* **Laquelle/Lesquelle/Que** *(objeto)*
Se	**Si**	Come	**Comment**
A	**À** *(dirección)* **Pour** *(objetivo)*	Per	**Pour**
Da	**À partir de** *(Tiempo)* **De**	Mentre	**Pendant que** *(al mismo tiempo)* **Quoique** *(forma, sentimiento, eventos simultáneos)*
Quanti	**Combien**	Cui	**Qui/ Que**
Per	**Pour**	Come	**Comme** **Aussi (autant) +que** *(comparación)*
Più di	**Plus que/ Plus de**	Quanto	**Combien**

A

A: Un/ Une
Adentro: À l'intérieur
Agradable: Agréable
Alguno: Quelques
Amable: Aimable
Ancho: Largeur
A Propósito: À propos
Atención: Attention
A Quién: À qui
Aún Cuando: Même si
Abajo: Vers le bas
Adolescente: Ado
Ahora Mismo: Maintenant même
Al Lado De: À côté de
Ambos: Ambos
Antes: Avant de
A Punto De: Au point de
A Través De: A Través De
Aquellos: Ceux
Aunque : Même si

Abierto: Ouvert
A Donde: Où
A Las: À
Algo : Quelque chose
Alto: Haut
A Menos Que: À moins que
Apenas: Apenas
Apurado: Pressé
A Qué Distancia: À quelle distance
A Través De La Cual: À travers lequel
Ayer: Hier
Acerca De: À propos de
Afuera: À l'extérieur
Alguien: Alguien
Allá: Là
A Menudo: Souvent
A Pesar De: Bien que
Arriba: En haut
A Qué Hora: À quelle heure

B

Bastante: Assez
Bien: Bien
Bien Sea: Tant pis
Bueno: Bon

C

Cada: Chaque
Cautela: Mise en garde
Clase: Classe
Cosa: Des trucs
Cuando Sea: À tout moment
Caliente: Chaud
Ceder El Paso: Céder le passage
Cierto: Cierto
Cómo : Comment
Considerando Que: Alors que
Cuál: Qui
Cuidado: Fais attention
Completo: Complet

Contigo: Avec vous
Cuán Lejos: Jusqu'à quel point
Culpa: Défaut
Casi: Presque
Cerca De: Près de
Con: Avec
Corto: Court
Cuando: Lorsque
Cualquiera: N'importe quel

D
De: De
Deliberado: Volontaire
Divertido: Drôle
Dónde : Où
Detrás: Derrière
Desviación: Déviation
De Guardia: De garde
Demasiado: Aussi
De Quién: De qui
Dividir: Diviser
Donde Sea: N'importe où

Debajo: En dessous de
De Inmediato: Immédiatement
Dentro: Dans
Desafortunadamente:
Desafortunadamente
Dividir Entre: Diviser entre
Desde: Depuis
De Buena Gana: Volontiers
Donde Se Encuentre: Où trouver
De Nuevo: De Nuevo
Desagradable: Désagréable
Difícil: Dur
Dividido Por: Divisé par
Donde Quiera: Où tu veux
De Otra Manera: D'une autre
manière
De Alguna Manera: En quelque
sorte

E
El: Il
Ella: Elle

En: Dans
En Caso Que: En cas de
En El Medio: Au milieu
En Orden Que: Afin que
Entonces: Ensuite
Esto: Cette
Específico: Spécifique
En Algún Lugar: Quelque part
En Contra De: Contre
En Particular: En particulier
Entre: Parmi
Esta Noche: Cette nuit
Estrecho: Proche
En Buena Salud: En bonne
santé
En El (La) (S): Dans le
En Proceso: En procès
En Vez De: Au lieu de
Entendido: C'est compris
En Este Momento: En Este
Momento
En Caso De: En Caso De

En El Hábito: Dans l'habitude
Enfrente De: En face de
En Progreso: En progrès
Esto: Cette

F

Fácilmente: Facilment
Fiesta: Faire la fête
Factible: Réalisable
Fiebre: Fièvre
Falla: Échec
Fin: La fin
Feria: Fête
Fuerte: Fort

G

Generalmente: Généralement
Gracioso: Drôle
Grande: Grand
Gracias: Merci

H

Habrá: Aura
Han Tenido: Ils ont eu
Habría Estado: Aurait été
Hace: Fait
Han Sido: Ils ont été
Hecho: Fait
Hasta: Jusqu'à
Halar: Tirer
Hasta La Vista: Au revoir
Hay: Il y a
Hombre: Hommes
Habría Sido: Aurait été
Han Estado: Ils ont été
Hasta Luego: À plus tard
Hubo: Il y avait
Habría Tenido: J'aurais eu

I

Inmediatamente: Immédiatement
Incluído: Inclus

Importante: Important
Inspeccionar: Inspecter
Imposible: Impossible
Interesante: Intéressant
Improbable: Peu probable
Izquierda: Gauche

J

Junio: Juin
Juntos: Ensemble
Justo: Juste

K

Kilo: Kilo

L

Largo: Long
Lo Último: Le dernier
Lista: Prêt
Luce Como: Ressemble à
Listo: Intelligent

Lección No. 3 : Parte E 2

Luego: Alors

M

Mañana: Matin
Más Allá: Au delà
Mientras: Alors que
Muchacho: Jeune gars
Muy: Très
Mantener: Tenir
Más Tarde: Plus tard
Mientras Que: Tandis que
Mucho: Beaucoup
Más..Que: Plus…que
Más: Plus
Medio: Moyen
Mitad: Demi
Muchos: Beaucoup de
Menos... Que: Moins que
Más Aún: Encore plus
Menos: Moins
Muchacha: Fille
Mujer: Femme
Muéstrame: Montre moi

N

Ninguno: Aucun
Necesario: Nécessaire
Niño: Petit garçon
Never: Jamais
No: Non
Niña: Fille
Noche: Nuit

O

O: Soit
Obvio: Évident
Otro: Autre

P

Para: Pour
Pintura: Peindre
Por Qué: Parce que
Problema: Problème
Para Siempre: Pour toujours
Pero: Mais
Por Favor: S'il vous plait
Posible: Posible

Programa: Programme
Por Esa Razón: Pour cette raison
Parece Como: Ressemble à
Pesado: Lourd
Por: Pour
Por La Razón : Pour la raison
Próximo: Prochain
Partida: Départ
Pequeño: Peu
Por Ciento: Pourcent
Por Supuesto: Bien sûr
Punto: Endroit

Q

Querido: Cher
Qué Hay Acerca De: Qu'en est-il de
Quizás: Quizás

R

Razonable: Raisonnable
Responsable: Responsable
Relativo: Relatif
Ridículo: Ridicule

Respeto: Respect
Risa: Rire
Repita: Répéter

S
Salida: Départ
Señora: Madame
Sobrante (s): De rechange
Sujeto: Matière
Seguro: Assurance
Señorita: Mademoiselle
Sí: Oui
Sobre: Sur
Suficiente: Suffisant
Selección: Sélection
Siempre: Toujours
Solamente: Solamente
Superar: Survivre
Señor: Monsieur
Similar: Similairement
Solo una vez: Juste une fois

T
Tarea: Tâche
Todavía: Encore
Tan pronto como sea posible: Dès que possible
Todo: Tout
También: Aussi
Tema: Thème
Tan: Alors
Tipo: Type
Todo el día: Toute la journée
Tarde: Après midi
Tirar: Jeter

U
Última (o): Dernier
Únicamente: Uniquement
Un (a) (o) (s) : Un
Un poco de: Un peu de
Una vez: Une fois

V
Varios: Plusieurs
Verdad: Vérité

Y
Ya: Déjà
Y ahora qué: Et maintenant quoi

5to. Paso de Aprendizaje

Los Posesivos y los Reflexivos

son esenciales para completar una frase

¡Practíquelos!, especialmente la pronunciación.

Reflexivo

asociado/ desarticular			
Me – **Me, M'/ Moi**	Llámame	**appelez-moi/ m'appeler**
Le – **Te, T'/ Toi**	Traerle	**T'apporter**
Le – **Se, S',Le/ Lui,Soi**	Llevarle	**emmenez-le, l'emmener**
La – **Se, S',La/ Elle,Soi**	Invitarla	**Invite la, l'inviter**
Nos – **Nous**	Búscanos	**Nous obtenir**
Les – **Vous**	Cómprales	**Pour vous acheter**
Les – **Se, S',Les/ Eux,Elles**	Escribeles	**Les écrire**
Lo – **Le, La, L'**	Véndelos	**Le vendre, La vendre**

Ejemplos:

Usted	le tiene	que ir	a llevar a casa
Tu	**dois**	**aller**	**le ramener chez lui**
Vous	**devez**	**aller**	**le ramener chez lui**

El	me puede	venir	a ver luego
Il	**peut**	**venir**	**me voir plus tard**

Ellos	la quieren	traer	a ver le
Ils/Elles	**veulent**	**l'amener**	**à vous voir**
Ils/Elles	**veulent**	**la faire venir**	**vous voir**

Ellos	le están	tratando de llamar hoy
Ils/Elles	**essayent**	**d'appeler aujourd'hui**

Posesivo

masculino/femenina/plural			
Mi – **Ma/Mon/Mes**	Mi casa	**Ma maison**
Su – **Ta/Ton/Tes**	Su coche	**Ta voiture**
Su – **Sa/Son/Ses**	Su hijo	**Son pet**
Su – **Sa/Son/Ses**	Su mascota	**Son pet**
Nuestro – **Notre/Nos**	Nuestro barco	**Notre bateau**
Vuestro – **Votre/Vos**	Vuestro padre	**Votre père**
De Ellos – **Leur/Leurs**	La idea de ellos	**Leur idée**
Su – **Sa/Son/Ses**	Su cola	**Sa queue**

Ejemplos

Usted	es	bienvenido a	nuestra casa
Vous	**êtesles**	**les bienvenus dans**	**notre maison**
Tu	**es**	**le bienvenus dans**	**notre maison**

Ella	está manejando	mi coche
Elle	**conduit**	**ma voiture**

El	tiene que	traer	a mi hijo
Il	**doit**	**amener**	**mon fils**

Ellos	quieren	llevar	a mi esposa
Ils/Elles	**veulent**	**emmener**	**ma femme**

Notas sobre reflexivos:

En francés, un reflexivo también se puede colocar justo antes del sustantivo (al comienzo de la frase), es preferible de esta manera. En francés los reflexivos suelen ir antes del verbo. Ejemplo : Te doy dinero a "tí", Je "te" donne de l'argent // Excepto por: la forma imperativa, entonces el francés tiene la misma estructura. Dame "me", Donne "moi"

Ejemplos:

Los traeré a casa
Je les ramènerai à la maison

Quiero llevarlo al aeropuerto
Je veux l'emmener à l'aéroport

Tengo que ir a comprarle las medicinas
Je dois aller acheter les médicaments pour lui
Je dois lui acheter des medicaments

Puedo prepararte la comida a las doce.
Je peux vous préparer la nourriture à douze heures
Je peux te préparer la nourriture à douze heures

6to. Paso de Aprendizaje

Los Verbos Infinitivos

son la base de este curso, los mismos son usados de manera casi idéntica tanto en francés como español.

¡Practíquelos!, especialmente las conjugaciones y la pronunciación.

¿Qué es un Verbo Infinitivo (Verbi Infiniti) en francés?

1) Son aquellos que terminan en "**er-ir-oir-re**"
   en español todos los verbos infinitivos terminan en "R".
   Ejemplos: **ven<u>ir</u>**   **all<u>er</u>**   **mang<u>er</u>**
                 venir   ir   comer

2) **Nunca es el 1er. verbo (no se puede conjugar)**
   No se puede decir en francés ~~J'appeler~~   ~~Je venir~~   ~~J'aller~~   ~~Je manger~~
   Ni se puede decir en español. ~~Yo llamar~~   ~~Yo venir~~   ~~Yo ir~~   ~~Yo comer~~

3) **Sin embargo son siempre usados después del 1er. o 2do. Verbo.**
   Ejemplo:

Je veux	**aller**	**manger**
Yo quiero	ir	a comer
Elle veut	**venir**	**pour visiter**
Ella quiere	venir	a visitar

Este curso está basado en los Verbos Infinitivos.

En francés se usan los Verbos Infinitivos todo el tiempo.

Je	vuex	aller	manger maintenant
Il	veut	venir	vous render visite

Los Hispanos también usamos los Verbos Infinitivos

Todo el tiempo y ¡de la misma manera que ellos!

Je	**veux**	**aller**	**manger maintenant**
Yo	quiero	ir	a comer ahora

Il	**veut**	**venir**	**vous visiter**
El	quiere	venir	a visitarle

SONRÍA ☺ Ambas frases parecen un espejo, la una de la otra, con la excepción de la vocal "vous" que nosotros utilizamos antes del segundo verbo infinitivo.

Lección No. 4 : Parte E 3

Este curso está basado en los Verbos Infinitivos

¡Aquí tiene más ejemplos!

Je Yo	**dois** tengo que	**vous/t' emmener** llevarle		**Elle** Ella	**veut** quiere	**regarder la télé** mirar televisión	**jusqu'à minuit** hasta la medianoche
Tu **Vous** Usted	**dois** **devez** tiene que	**l'apporter** **l'apporter** traerle		**Nous** Nosotros	**voulons** queremos	**aller faire des courses** ir a comprar	**à midi** al mediodía
Il **Il** El	**doit** **doit** tiene que	**aller vous voir** **aller te voir** ir a verle		**Ils/Elles** Ellos	**veulent** quieren	**vous faire** darle	**une surprise** una sorpresa
Nous Nosotros	**devons** tenemos que	**essayer d'y arriver** tratar de llegar allá		**Vous** Usted	**voulez** quiere	**lui faire** hacerle	**du bien** mucho bien

Lo único que usted necesita para poder conversar en francés son <u>los Verbos Infinitivos </u>los cuales son la base de este método de aprendizaje.

➤ **Los verbos infinitivos** se usan de la misma manera y casi siempre en el mismo lugar en una oración, tanto en francés como español.

➤ **Los verbos infinitivos** nunca son el primer verbo en una oración:

<u>Je veux avoir</u>
Yo quiero tener

➤ **Los verbos infinitivos** terminan en <u>ER-IR-OIR-RE </u>en francés:
Y terminan en <u>R</u> en español:

<u>Avoir</u>
Tener

➤ **Los verbos infinitivos** no pueden ser conjugados

~~**J'avoir**~~
~~Yo tener~~

➤ **Los verbos infinitivos** continúan siendo usados de manera Infinita en las oraciones.

<u>Je veux aller manger</u>
Yo quiero ir a comer

➤ Los verbos infinitivo en una frase francesa siempre termina con un "er-ir-oir-re"

<u>Je veux aller dormir</u>
Yo quiero ir a dormir

➤ **Los verbos infinitivos** nos permiten conversar en francés a través de cuatro formatos en fórmula:
(1) Gerundio-acción, (2) Pasado participio, (3) Futuro y (4) Condicional.

En la próxima página
usted encontrará una lista de:

Verbos Infinitivos
Verbes Infinitifs

Estúdielos, léalos, pronúncielos varias veces hasta que los memorice,
y se dará cuenta que todos ellos (bueno, casi todos)

Terminan en <u>R</u> en español
Y terminan en <u>ER-IR-OIR-RE</u> en francés

A

Abrir: Ouvert
Abrazar: Embrasse
Aceptar: Accepter
Acertar: Succès
Adquirir: Acquérir
Agradecer: Agradecer
Amar: Aimer
Anunciar: Annoncer
Aprender: Apprendre
Aprobar: Passer
Asistir: Assister à
Aumentar: Augmenter
Averiguar: Déterminer
Ayudar: Aider

B

Bailar: Danser
Beber: Boire
Borrar: Effacer
Bostezar: Bâillement
Buscar: Chercher

C

Caber: Pour s'adapter
Caer: Tomber
Calentar: Chaleur
Caminar: Caminar
Cancelar: Annuler
Causar: Cause
Cobrar: Recueillir
Cocinar: Cuisiner
Conducir: Balade
Conseguir: Obtenir
Construir: Accumuler
Convertir: Convertir
Cerrar: Fermer
Completar: Compléter
Comprar: Acheter
Copiar: Copier
Corregir: Corriger
Correr: Courir
Creer: Croire
Crecer: Croître
Cumplir: Conformer

D

Dar: Pour donner
Darse Cuenta: Se rendre compte
Deber: Devoir
Debería: Devrait
Decir: Raconter
Dejar: Laisser
Descansar: Repos
Desear: Souhaiter
Discutir: Argumenter
Dormir: Dormir
Dudar: Doute
Devengar: Gagner

E

Empezar: Commencer
Empujar: Pousser
Encontrar: Trouver
Enseñar: Enseigner
Enviar: Envoyer
Entender: Comprendre
Entrar: Entrer

Escoger (Elegir): Choisir
Escribir: Écrire
Esperar: Attendre à
Estar: Être
Estar Agradecido: Être reconnaissant
Estar Molesto: Être fou
Estar Equivocado: Se tromper
Estudiar: Étudier

G
Ganar: Gain
Ganar: Gagner
Golpear: Battre
Gustar: Aimer

H
Haber: Avoir
Hablar: Parler
Hacer: Fais
Halar: Tirer

I
Incluir: Comprendre

Informar: Signaler
Insistir: Insister
Invitar: Inviter
Ir: Aller
Ir De Compras: Aller faire les courses

J
Jugar: Jouer

L
Lavar: Lavage
Leer: Lis
Limpiar: Nettoyer
Llamar: Appeler
Llegar: Arriver
Llevar: Apporter
Llorar: Faire le deuil
Lograr: Atteindre

M
Manejar: Gérer
Mover: Déplacer

Mejorar: Améliorer
Mantener: Tenir
Mostrar: Montrer
Mirar: Regarder

N
Nombrar: Nommer
Necesitar: Avoir besoin

O
Obedecer: Obéit
Observar: Voir
Obtener: Obtenir
Ofrecer: Offrir
Olvidar: Oublier
Ordenar: Ordonner

P
Pagar: Payer
Parecer: Paraître
Partir: Partir
Pasar: Passer
Pedir: Interroger

Pensar: Penser
Perder: Perdre
Perdonar: Pardonner
Permitir: Permettre
Poder: Pouvoir
Podría: Pourrait
Preguntar: Demander
Presentar: Présenter
Prestar: Prêter
Poner: Mettre, Poser
Poseer: Posséder

Q
Querer: Vouloir

R
Rechazar: Déclin
Recibir: Recevoir
Recibir: Saluer
Recordar: Ricorder
Recoger: Ranger
Reir: Rire
Repetir: Répéter

Respetar: Respect
Responder: Responder
Reusar: Réutilliser

S
Saber: À savoir
Salir: Sortir
Salvar: Sauvegarder
Saltar: Sauter
Satisfacer: Satisfaire
Seguir: Suivre
Sentar: Asseoir
Sentir: Se sentir
Ser: Être
Solicitar: Demander
Solucionar: Démêler
Sonreir: Le sourire

T
Temer: Craindre
Tener: Avoir
Tener Que: Devoir
Terminar: Finir

Trabajar: Travailler
Traer: Apporter
Tomar: Prendre
Tratar: Traiter
Trotar: Le jogging
Tocar: Toucher

U
Unir: Lien
Usar: Porter
Utilizar: Utilisation

V
Valorar: Apprécier
Vender: Vender
Venir: Venir
Ver: Regarder
Vestir: Usure
Viajar: Voyager
Visitar: Visite
Vivir: Vivre

7mo. Paso de Aprendizaje

Los 4 Verbos "Gatillo"

le permiten iniciar cualquier conversación básica

Practíquelos, especialmente las conjugaciones Y la pronunciación

Los siguientes 4 verbos gatillo le permiten iniciarla mayor parte de las conversaciones

Lección No. 5	Lección No. 6
Ser/Estar	Tener/Haber/Deber
Être	**Avoir/ Devoir**
Lección No. 7	Lección No. 8
Querer	Poder
Vouloir	**Pouvoir**

Lección No. 5 : Parte E 1

El 1er. Verbo Gatillo es "Être"
En español significa "Ser" o "Estar", y se usa de dos formas distintas:

Primero estudiaremos el primer significado del verbo **"Être"**
El verbo **"Être"** en francès puede describir una situación casi-permanente.
En esos casos el verbo equivalente en español el el verbo **"Ser."**

Ejemplos usando el verbo "Être":

Je suis	Yo	soy	alto	El	es	un policía
Tu es	**Je**	**suis**	**grand**	**Il**	**est**	**policier**
Il est	Ella	es	lista	Usted	ed	soltero
Elle est	**Elle**	**est**	**intelligente**	**Tu**	**es**	**célibataire**
Nous sommes	Ellos	son	fanáticos	El	está	tarde
Vous êtes	**Ils/Elles**	**sont**	**fanatiques**	**Il**	**est**	**en retard**
Ils/Elles sont	Es	tarde		Ella	es	bella
	Il est	**tard**		**Elle**	**est**	**belle**

El 1er. Verbo Gatillo es "Être"

En español significa "Ser" o "Estar", y se usa de dos formas distintas:

Estudiemos ahora el 2do. significado del verbo **"Être"**

El verbo **"Être"** en francès puede también describir una situación transitoria. En estos casos el verbo equivalente en Español es el verbo **"Estar"**

Ejemplos usando el verbo "Être":

Je suis **Tu es** **Il est** **Elle est** **Nous sommes** **Vous êtes** **Ils/Elles sont**	Yo estoy molesto **Je suis en colère**	Ellos están listos **Ils/Elles sont prêts/prêtes**
	Usted está tarde **Tu/Vous es/êtes en retard**	Ella está enferma **Elle est malade**
	El está cansado **Il est fatigué**	Usted está afuera **Tu/Vous es/êtes dehors**
	Ella está equivocada **Elle est incorrecte**	Es lo correcto **Il est vrai**

Ejemplos de verbos "Être" (una situación casi-permanente)	Ejemplos de verbos "Être" (situación temporal)
Yo soy un buen jugador **Je suis un bon joueur**	Yo estoy comiendo temprano cada día **Je suis en train de manger tôt chaque jour**
Yo soy una gran persona **Je suis une personne géniale**	Yo estoy esperando por usted ahora **Je suis en train de t'attendre**
Usted es un buen hombre **Tu es un homme bien**	Usted está cansado todos los días **Tu es fatigué tous les jours**
Usted es una persona desagradable **Tu es une personne dégoûtante**	Usted está molesto acerca del juego **Tu es contrarié par le jeu**
El es un estudiante excelente **Il est un excellent étudiant**	El los está llevando al aeropuerto **Il est en train de les emmener à l'aéroport**
El es un cocinero fantástico **Il est un cuisinier fantastique**	El está yendo a visitarle este fin de semana **Il est en visite chez vous ce week-end**
Nosotros estamos siempre aquí para usted **Nous sommes toujours là pour vous**	Ella está viniendo a casa en Acción de Gracias **Elle est de retour à la maison pour le Thanksgiving**
Nosotros somos la misma gente **Nous sommes le même peuple**	Nosotros estamos pensando acerca de usted **Nous sommes en train de penser à vous**
Ustedes son un equipo ganador **Vous êtes l'équipe gagnante**	Usted está frustrado por toda la situación **Vous êtes frustré par l'ensemble de la situation**
Ustedes nunca están a tiempo **Vous n'êtes jamais à l'heure**	Ellos están muy cansados después del viaje **Ils/Elles sont très fatigué(e)s après le voyage**
Ellos son los mejores en la ciudad **Ils/Elles sont les meilleur(e)s de la ville**	Se está haciendo tarde **Il est tard**
Ellos son lo peor que hay **Ils/Elles sont les pires qui soient**	Nosotros estamos haciendo nuestra tarea **Nous sommes en train de faire nos devoirs**
Es mejor si usted no viene **Il est mieux que vous ne veniez pas**	Ella está tratando de finalizar su tarea hoy **Elle est en train d'essayer de terminer sa tâche aujourd'hui**

Lección No. 6 : Parte E 1

El **2do. Verbo Gatillo es "Avoir"** Este verbo puede tener dos significados en español: El primero es como el verbo **"Haber"** o el verbo **"Tener."**

El verbo **"Avoir/Être"** en francés se utiliza de dos formas distintas: La primera como un verbo auxiliar a verbos en pasado participio. Los verbos en participio pasado en francés terminan en **"é-i-is-t-u."** En esta primera forma, el equivalente es español, es el verbo **"Haber"** usado como auxiliar de verbos en pasado participio, los cuales terminan en **"ido" or "ado."**

Ejemplos usando el verbo "Avoir/ Être"/"Haber"

J'ai **Tu as** **Il a** **Elle a** **Nous avons** **Vous avez** **Ils/Elles ont**	**J'ai reçu du courrier aujourd'hui** Yo he recibido correo hoy	**Je suis allé manger** Yo he ido a comer
	Tu as pris beaucoup de temps Usted ha tomado mucho tiempo	**Tu ne m'as pas appelé** Usted no me ha llamado
	Elle a dormi le matin Ella ha dormido en la mañana	**Il est venu me voir** El ha venido a verme
	Ils/elles ont étudié toute la journée Ellos han estudiado todo el día	**Elle m'a ramené chez moi** Ella me ha llevado a casa
	Ils/Elles ont cuisiné toute la matinée Ellos han cocinado toda la mañana	**Je n'ai pas dormi** Yo no me he ido a dormir
	Il a couru toute l'après-midi El ha estado corriendo toda la tarde	**Ils/Elles n'ont pas regardé la télévision** Ellos no han mirado TV

El 2do. Verbo Gatillo es "Avoir" Este verbo puede tener dos significados en español: El primero es como el verbo "Haber" o el verbo "Tener."

El verbo **"Avoir/Être"** en francés se utiliza de dos formas distintas: La segunda es cuando se describe propiedad o posesión. En esta segunda forma el verbo equivalente en español en el verbo **"Tener."** Sin embargo, la expresión **"Tener Que"** en Español se traduce en Frances bajo el verbo "devoir" (deber).

Ejemplos usando el verbo "Avoir"

	Tener / *Avoir*	*Devoir/ Tener Que – Deber*
J'ai **Tu as** **Il a** **Elle a** **Nous avons** **Vous avez** **Ils/Elles ont**	**J'ai une voiture** Yo tengo un coche	**Je dois aller manger** Yo tengo que ir a comer
	Il a une famille élargie El tiene una familia numerosa	**Je dois lui parler** Yo tengo que hablar con él
	Tu as un problème Usted tiene un problema	**Il doit vous/te ramener chez vous/toi** El tiene que llevarle a casa
	Elle a la migraine Ella tiene un dolor de cabeza	**Nous devons vous/te voir** Nosotros temenos que verle
	Vous avez un visiteur Usted tiene un visitante	**Il doit vivre maintenant** Ella se tiene que ir ahora

Aquí hay múltiples ejemplos del verbo "Avere"
cuando es utilizado como "Haber" en francés

Avoir: Haber

J' ai fais Yo he hecho	**Ils/Elles ont étudié** Ellos han estudiado	**Tu as compris** Usted ha entendido
J'ai eu Yo he recibido	**J'ai courru** Yo he corrido	**Il a écrit** El ha escrito
J'ai pris Yo he llevado	**Elle a marché** Ella ha caminado	**J'ai soingé** Usted ha mejorado
Tu as cuisiné Yo he cocinado	**Ils/Elles ont appelé** Ellos han llamado	**Vous avez amélioré** Ellos han pensado
Il a attendu El ha esperado	**J'ai parlé** Yo he hablado	**Vous/Tu l'avez/as apporté** Usted lo ha traído
Elle a vu Ella ha visto	**Je l'ai acheté** Yo lo he comprado	**Elle s'est baignée** Ella se ha bañado

Lección No. 6 : Parte E 3

Avoir	Devoir	Avoir/Être
J' ai une famille formidable Yo tengo una gran familia	**Je dois te/vous voir demain** Yo tengo que verle mañana	**J 'ai reçu du courrier aujourd'hui** Yo he recibido correo hoy
J' ai une migraine Yo tengo dolor de cabeza	**Je dois venir te/vous voir** Yo tengo que venir a verle	**J' ai bien dormi hier soir** Yo he dormido bien anoche
Vous avez quatre bons enfants Usted tiene cuatro hijos buenos	**Tu dois aller manger** Usted tiene que ir a comer	**Tu/Vous n'as/avez pas fait votre travail** Usted no ha hecho su trabajo
J' ai un bon travail Yo tengo un buen trabajo	**Je dois le rencontrer aujourd'hui** Yo tengo que reunirme con el hoy	**Je l'ai vue tôt aujourd'hui** Yo la he visto hoy temprano
Il a des problèmes avec elle El tiene problemas con ella	**Il doit lui apporter la nourriture** El tiene que traerle la comida	**Il a fait une grosse erreur** El ha cometido un gran error
Ils ont une vie formidable Ellos tienen una gran vida	**Ils doivent se dépêcher** Ellos se tienen que apurar	**Ils/Elles ont beaucoup mangé aujourd'hui** Ellos han comido mucho hoy
Vous avez beaucoup de chance Ustedes tiene mucha suerte	**Vous devez terminer le projet** Usted tiene que terminar el Proyecto	**Nous l'avons envoyée à l'école** Nosotros la hemos enviado a la escuela
J'ai une route difficile devant moi Yo tengo un camino difícil por delante	**Nous devons commencer à bouger** Nosotros tenemos que comenzar a movernos	**Vous avez étéabsent récemment** Ustedes han estado ausentes ultimamente
Vous avez beaucoup de chance Ustedes tiene mucha suerte	**Elle doit faire attention** Ella tiene que poner atención	**Elle a acheté de nouveaux vêtements** Ella ha comprador ropa nueva
Elle a une voiture toute neuve Ella tiene un coche nuevo	**Il/Elle doit être fixé(e)** Tiene que ser reparado	**Il/Elle a déjà été réparé(e)** Ya ha sido reparado
Il/Elle a un feu cassé Tiene una luz rota	**Je dois tout recommencer** Yo tengo que empezar de nuevo	**J'y ai pensé** Yo he estado pensando en ello

El 3er. Verbo Gatillo es "Vouloir"

En español significa "Querer", y se usa de dos formas distintas

Al igual que en español el verbo **"Vouloir"** se utiliza en francés para:

1. Expresar un deseo con el verbo
2. Expresar una orden con el verbo

*Ejemplos usando el verbo "**Vouloir**"*

	Para expresar deseo	Para dar órdenes o pedir
Je veux **Tu veux** **Il veut** **Elle veut** **Nous voulons** **Vous voulez** **Ils/Elles veulent**	**Je veux aller dormir** Yo me quiero ir a dormir	**Je veux que tu ailles manger** Yo quiero que usted vaya comer
	Je veux apprendre Yo quiero aprender	**Il veut que tu lui écrives** El quiere que usted le escriba
	Elle veut cuisiner pour vous/toi Ella quiere cocinarle a ustedes	**Nous voulons que vous y réfléchissiez** Queremos que lo piense
	Ils/Elles veulent vous ramener chez vous/ **Ils veulent te ramener chez toi** Ellos quieren llevarle a casa	**I want you to bring me the check** Yo quiero que me traiga la cuenta

Ejemplos

Désir/ Vouloir Desear/ Querer	**Commande/ Ordre** Comando/ Orden
Je veux t'emmener au cinéma Yo quiero llevarle al cine	**Je veux que tu arrêtes de m'appeler** Yo quiero que usted pare de llamarme
Je veux aller faire du shopping aujourd'hui après le déjeuner Yo quiero ir de compras hoy después de comer	**Il veut que vous l'appeliez aujourd'hui à 14 heures** El quiere que usted lo llame hoy a las 2 p.m.
Tu veux que je t'apporte quelque chose ? ¿Usted quiere que le traiga alguna cosa?	**Vous voulez qu'on le prépare ?** ¿Usted quiere que lo tengamos listo?
Il veut acheter une nouvelle paire de chaussures El quiere comprar un par de zapatos nuevos	**Je veux que vous y réfléchissiez bien** Yo quiero que lo piense con cuidado
Elle veut essayer de trouver un nouvel emploi Ella quiere tratar de conseguir un trabajo nuevo	**Elle veut que je ne la dérange plus** Ella quiere que yo no la moleste más

El 4to. Verbo Gatillo es "Pouvoir"

En español significa "Poder"

Ejemplos usando el verbo "Pouvoir":

Je peux **Tu peux** **Il peut** **Elle peut** **Nous pouvons** **Vous pouvez** **Ils/Elles peuvent**	**Je peux vous voir plus tard** Yo puedo verle luego	**Il peut venir à midi** El puede venir al mediodía
	Elle peut aller le voir Ella puede ir a verle	**Vous pouvez le faire/** **Tu peux le faire** Usted puede hacerlo
	Ils/Elles peuvent te ramener chez toi Ellos pueden llevarle a casa	**Vous pouvez entrer/** **Tu peux entrer** Usted puede entrar
	Il peut venir demain El puede venir mañana	**Je peux t'appeler plus tard/** **Je peux vous appelez plus tard** Yo puedo llamarle luego

Ejemplos: Pouvoir

Je peux venir te voir ce week-end **Je peux venir vous voir ce week-end** Yo puedo venir a verle éste fin de semana	**Il peut se préparer pour le test cette semaine** El puede prepararse para el examen esta semana
Je peux t'appeler tous les soirs à 20 heures **Je peux vous appeler tous les soirs à 20 heures.** Yo puedo llamarle todas las noches a las 8 p.m.	**Vous pouvez les faire venir pour passer la journée ici/** **Tu peux les faire venir pour passer la journée ici** Usted puede traerlos a pasar el día aquí
Il peut les emmener au parc demain à 4 heures El puede llevarles al parque mañana a las 4	**Vous pouvez aller au cinéma avec eux/** **Tu peux aller au cinéma avec eux** Usted puede ir al cine con ellos
Elle ne peut pas manger de poulet Ella no puede comer pollo	**Vous pouvez m'appeler après le déjeuner/** **Tu peux m'appeler après le déjeuner** Usted puede llamarme después del almuerzo
Nous pouvons travailler ensemble pour résoudre le problème Nosotros podemos trabajar juntos para resolver el problema	**Ils/Elles peuvent se plaindre autant qu'ils/elles veulent, cela ne fera pas de différence** Ellos pueden protestar todo lo que quieran pero no hará diferencia

Tu: *utilizado en el contexto informal*
Vous: *utilizado en el contexto formal*

Ok. Usemos ahora los Pronombres, los cuatro Verbos Gatillo, las Palabras Mágicas y los Verbos Infinitivos adicionales para construir más Oraciones y Frases.

Pronombres:	**Je dois aller l'appeler**	**Je veux venir te/vous voir**
Yo – Je	Yo tengo que ir a llamarla	Yo quiero venir a verle
Usted – Tu	**Je veux vous inviter à dîner**	**Tu peux aller dormir**
El – Il	Yo quiero llevarle a cenar	Usted puede irse a dormir
Ella – Elle	**Il peut t'attendre à midi**	**Elle veut cuisiner pour vous/toi**
Nosotros – Nous	El puede esperar por usted al mediodía	Ella quiere cocinarle
Ustedes – Vous	**Je dois aller prendre des notes**	**Je dois courir pour aller le voir**
Ellos – Ils/Elles	Yo tengo que ir a tomar notas	Yo tengo que correr para ir a verle
Eso – Il/Elle		
Los 4 Verbos Gatillo:	**Je peux aller vous/te voir demain**	**Ils/Elles peuvent venir se présenter ce soir**
Essere – Être	Yo puedo ir a verle mañana	Ellos pueden venir a correr esta noche
Haber – Avoir	**Nous pouvons cuisiner assez rapidement**	**Il doit l'appeler bientôt**
Tener – Devoir	Nosotros podemos cocinar muy rápido	El tiene que llamarla pronto
Querer – Vouloir	**Nous devons l'attendre**	**Je veux manger ici**
Poder – Pouvoir	Nosotros tenemos que esperar por ella	Yo quiero comer aqui

Verbos Gatillo Adicionales	
Ir	**Aller**
Venir	**Venir**
Tomar	**Prendre**
Comprar	**Acheter**
Cocinar	**Cuisiner**
Esperar	**Attendre**
Correr	**Courir, gérer**
Mirar	**Regarder**
Ver	**Voir**
Dar	**Donner**
Recibir	**Obtenir**
Obtener	**Avoir**
Caminar	**Marcher**
Escribir	**Ecrire**
Leer	**Lis**

Ejemplos

Tu dois venir la voir Usted tiene que venir a verla	**Ils/Elles peuvent t'emmener à l'aéroport dès maintenant** Ellos pueden llevarle al aeropuerto ahora
Tu peux venir regarder la TV plus tard Usted puede venir a ver TV luego	**Vous pouvez aller à l'épicerie à trois** Nosotros podemos comprar comida a las tres
Elle veut que vous appeliez bientôt/ Elle veut que tu appelles bientôt Ella quiere que la llame pronto	**Il doit recevoir un courrier cette semaine** El tiene que recibir correo esta semana
Il peut assez bien lire El puede leer muy bien	**Il doit aller chercher sa carte d'identité** Deve andare a prendere il suo ID
Ils/Elles doivent courir aujourd'hui Ellos tienen que correr hoy	**Il doit apprendre à écrire souvent** El tiene que aprender a escribir a menudo
Elle veut courir tous les matins Ella quiere correr todas las mañanas	

Ahora construyamos frases con lo que hemos aprendido

Je dois être un bon père Yo tengo que ser un buen padre	**Je dois être à l'heure** Yo tengo que estar allí a tiempo	**Il doit être patient** El tiene que ser paciente
Je veux être juste Yo quiero ser justo	**Je veux être présent** Yo quiero estar presente	**Il veut être comme son père** El quiere ser como su padre
Je peux être souvent en retard Yo puedo estar tarde a menudo	**Je peux être là à deux heures** Yo puedo estar allá a las dos	**Il peut être un très bon coéquipier** El puede ser un gran miembro del equipo
Tu dois être persévérant Usted tiene que ser persistente	**Tu dois être vigilant tout le temps** **Vous devez être vigilant à tout moment** Usted tiene que estar alerta todo el tiempo	**Nous voulons être prêts pour lui** Nosotros queremos estar listos para él
Tu veux être le meilleur Usted quiere ser el major	**Tu veux être en avance** **Vous voulez être en avance** Usted quiere estar adelante de la curva	**Nous pouvons être perdants** Nosotros podemos estar en el lado perdedor
Tu peux être le dernier à entrer Usted puede ser el último en venir	**Tu peux avoir beaucoup de problèmes bientôt/** **Vous pouvez avoir beaucoup de problèmes bientôt** Ustedes pueden tener muchos problemas pronto	**Il doit être dévasté** El tiene que estar devastado
Nous devons être polis Nosotros tenemos que ser educados	**Il peut être disponible plus tard** El puede estar disponible luego	**Il veut être en vacances en permanence** El quiere estar de vacaciones permanentemente

Los Verbos Infinitivos/ Los Cuatro Verbos Gatillo

Pronombre	Essere Être	Querer Vouloir	Tener/ Haber Avoir/Devoir	Poder Pouvoir
Yo – **Je**	Suis	Veux	Ai / Dois	Peux
Usted – **Tu**	Es	Veux	As / Dois	Peux
El – **Il**	Est	Veut	A / Doit	Peut
Ella – **Elle**	Est	Veut	As / Doit	Peut
Nosotros– **Nous**	Sommes	Voulons	Avons / Devons	Pouvons
Ustedes – **Vous**	Êtes	Voulez	Avez / Devez	Pouvez
Ellos – **Ils/Elles**	Sont	Veulent	Ont / Doient	Peuvent
Eso/Esto – **Il/Elle**	Est	Veut	A / Doit	Peut

8avo. Paso de Aprendizaje

Los 4 formatos en fórmula

(Plantillas)
Le permiten conversar en Gerundio (acción)
Participio Pasado, Futuro Condicional usando
primordialmente "Verbos Infinitivos"

Practíquelos, especialmente las conjugaciones
y (la pronunciación)

1. Gerundio/ Gérondif (Acción)

Gerundio/ Gérondif (Acción)

FRANCÉS: Verbo Être + Verbo Infinitivo
ESPAÑOL: Verbo Estar + Verbo termina en "iendo" o
"ando"

Ejemplo: Caminar = **Marcher** (Verbo Infinitivo)
Yo estoy caminando a comer
Je suis en train de marcher pour manger
Je marches pour manger

Ejemplos: Gerundio

Je suis en train de t'appeler Yo estoy llamándole ahora	**Ils sont en train de l'appeler aujourd'hui** Ellos están llamándole hoy	**Ils/Elles sont en train d'appeler ce soir** Ellos están llamándole esta noche
Je suis en train d'étudier tout le matin Yo estoy estudiando toda la mañana	**Ils sont en train d'étudier aujourd'hui** Ellos están estudiando hoy	**Elle est en train d'étudier** Ella está estudiando ahora
Je suis en train d'attendre à la maison Yo estoy esperando en la casa	**Nous sommes en train de vous attendre** Ellos están esperando por usted	**Vous êtes en train d'attendre en vain** Usted está esperando en vano
Je suis en train de vous écrire chaque semaine Yo estoy escribiéndole cada semana	**Elle est en train d'apprendre à connaître le pays** Ella está aprendiendo acerca del país	**Il est souvent en train d'écrire** El está escribiendo a menudo
Je suis en train d'essayer de te rendre visite Yo estoy tratando de visitarle	**Elle est en train d'essayer de nous rendre visite** Ella está tratando de visitarnos	**Ils sont en train d'essayer d'appeler** Ellos están tratando de llamar
Je suis en train d'apprendre à parlere francés Yo estoy aprendiendo a hablar francés	**Ils sont en train d'écrire une semaine sur deux** Ellos están escribiendo cada dos semanas	**Il est en train d'apprendre les bases** El está aprendiendo lo básico
Je suis en train de regarder la télévision francés Yo estoy viendo la TV en francés	**Vous etes en train de la regarder grandir** Usted está mirándola crecer	**Il est en train de regarder le match** El está mirando el juego

Verbos Infinitvos:

Llamar: **Appeler** Estudiar: **Étudier** Esperar: **Attendre** Escribir: **Écrire**

Aprender: **Apprendre** Mirar: **Regarder** Tratar: **Essayer**

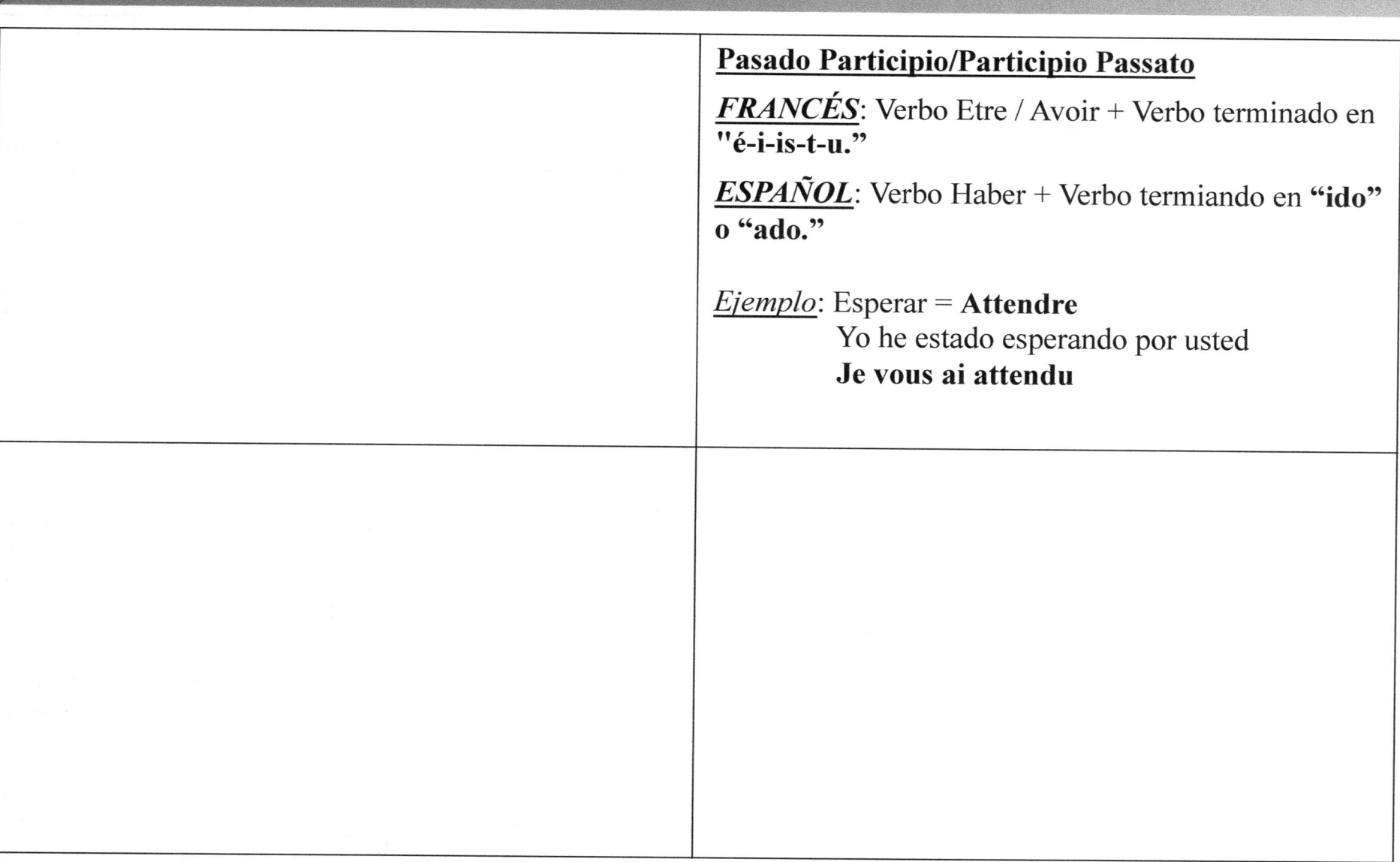

Pasado Participio/Participio Passato

FRANCÉS: Verbo Etre / Avoir + Verbo terminado en "é-i-is-t-u."

ESPAÑOL: Verbo Haber + Verbo termiando en **"ido"** o **"ado."**

Ejemplo: Esperar = **Attendre**
Yo he estado esperando por usted
Je vous ai attendu

Ejemplos: Pasado Participio

Ramener : Je l'ai ramenée à la maison Llevar : Yo la he llevado a casa	**Attendre : Ils ont été en train de vous attendre** Esperar: Ellos han estado esperando por usted
Manger : Il a mangé à 12 heures. Comer: El ha comido a las 12	**Se laver : Elle a été en train de se laver tout le matin** Lavar: Ella ha estado lavando toda la mañana
Apprendre : Ils ont appris à lire Aprender: Ellos han aprendido a leer	**Demander : Il a été en train de vous demander** Preguntar: El ha estado preguntando por usted
Parler : Elle lui a parlé Hablar: Ella ha hablado con él	**Cuisiner : ils/elles ont été en train de cuisiner aujourd'hui** Cocinar: Ellos han estado cocinando hoy
Étudier : Nous avons étudié Estudiar: Nosotros hemos estudiado	**Marcher : Nous avons marché** Caminar: Nosotros hemos caminado
Recevoir : Ils n'ont pas reçu de courrier Recibir: Ellos no han recibido correo	**Penser : Vous y avez pensé** Pensar : Usted ha pensado acerca de eso
Aller : Je suis allé la voir Ir : Yo he ido a verla	**Venir : Vous avez été en train de venir chaque année** Venir: Usted ha estado viniendo cada año
Amener : Il a amené un ami Traer: El ha traído una amiga	**Gagner : Nous avons été en train de gagner plus** Ganar: Nosotros hemos estado ganando más
Écouter : Elle l'a écouté Escuchar: Ella le ha escuchado	**Acheter : J'ai été en train d'acheter beaucoup de vitamines** Comprar: Yo he estado comprando muchas vitaminas

Participio Passato (Verbi)/(Verbos) Pasado Participio

Été Sido	**Été** Estado	**Arrivé(e-s-es)** Llegado	**Lavé(e-s-es)** Lavado	**Refroidi(e-s-es)** Enfriado	**Emballé(e-s-es** Empacado	**Écrit(e-s-es)** Escrito	**Combattu** Peleado
Venu(e-s-es) Venido	**Parlé** Hablado	**Calculé** Calculado	**Expliqué** Explicado	**Regardé/** **Cherché** Mirado	**Apporté** Traído	**Répondu** Respondido	**Pensé** Pensado
Obtenu, Eu Recibido	**Pris(e-es)** Lleva Do	**Vu** Visto	**Répété** Repetido	**Appelé** Apelado	**Nécessité** Necesitado	**Chauffé** Calentado	**Regardé** Mirado
Couru(e-s-es) Corrido	**Nettoyé(e-s-es)** Limpiado	**Appelé(e-s-es)** Llamado	**Eu** Tenido	**Terminé** Finalizado	**Disputé** Disputado	**Cuisiné/Cuit** Cocinado	**Répondu** Respondido
Fait(e-s-es) Hecho	**Échoué(e-s-es)** Fallado	**Donné** Dado	**Écouté** Escuchado	**Accepté** Aceptado	**Construit(e-s-es)** Construído	**Voyagé** Viajado	**Pris** Agarrado
Souhaité(e-s-es) Deseado	**Fait(e-s-es)** Hecho	**Marché** Caminado	**Acheté** Comprado	**Demandé** Preguntado	**Voulu** Querido	**Réalisé** Dado Cuenta	**Commencé** Empezado
Souvenu(e-s-es) Recordado	**Cuit(e-s-es)** Horneado	**Mis** Puesto	**Assis(e-es)** Sentado	**Lu** Leído	**Mangé** Comido	**Disparu/Parti** Ido	**Apprécié/Aimé** Disfrutado
Grilé(e-s-es) Frito	**Entendu(e-s-es)** Escuchado	**Perdu** Perdido	**Aimé** Gustado	**Levé(e-s-es)** Lavado	**Baigné** Bañado	**Dit** Dicho	**Recherché** Buscado
Dormi(e-s-es) Dormido	**Convenu(e-s-es)** Acordado	**Quitté** Salido	**Parti(e-s-es)** Dejado	**Aimé** Amado	**Réveillé** Despertado	**Posé(e-s-es)** Dejado	**Attristé** Entristecido
Questionné(e-s-es) Preguntado	**Entré(e-s-es)** Introducido	**Blessé(e-s-es)** Herido	**Trouvé** Encontrado	**Volé(e-s-es)** Volado	**Gagné** Ganado	**Crié** Llorado	**Envoyé/Expedié** Enviado
Commandé(e-s-es) Ordenado	**Bouilli(e-s-es)** Hervido	**Rêvé** Soñado	**Bu** Bebido	**Nagé** Nadado	**Attendu** Esperado	**Commencé** Empezado
Répondu(e-s-es) Respondido	**Compris(e-es)** Entendido	**Argumenté** Discutido	**Sauté** Saltado	**Payé(e-s-es)** Pagado	**Arrivé(e-s-es)** Llegado	**Séché(e-s-es)** Secado	**Montré** Mostrado
				Oublié Olvidado			

3. Futuro

Futuro/ Futuro

FRANCÉS: Verbo aller + Verbo Infinitivo
ESPAÑOL: Verbo ir a + Verbo Infinitivo.
Ja vais – Yo voy a
Tu vas – Tu vas a
Vous alles – Usted va a
il/elle/on va – El/Ella van a
Nous allons – Nosotros vamos a
Vous allez – Ellos van a
Ils/els vont – Esto/Eso va a
Ejemplo: Comer = **Manger**
Yo voy a ir a comer después
Je vais manger plus tard

Lección No. 12

Je vais courir plus tard Yo voy a ir a correr después	**Ils/Elles vont bientôt vous rendre visite** Ellos van a venir a visitarle pronto
Tu ne vas pas finir Usted no va a terminar	**Je vais étudier toute la journée** Yo voy a estudiar todo el día
Elle va vous appeler plus tard Ella va a llamarle luego	**Ils vont recevoir votre nourriture** Ellos van a traerle la comida
Vous allez me ramener chez moi Usted va a llevarme a casa	**Il va cuisiner pour vous aujourd'hui** El va a cocinarle hoy
Il va vous attendre à 12 heures El le va a esperar a las doce	**Il va s'envoler à 15 heures** El va a volar hoy a las 3
Il va vous apporter le déjeuner à 13 heures El le va a traer el almuerzo a la 1	**Vous ne serez pas à l'heure aujourd'hui** Usted no va a estar a tiempo hoy

Condicional

FRANCÉS: Verbo Infinitivo + la terminación "-ais, -ais, -ait, -ions, -iez, -aient"

ESPAÑOL: Verbo infinitivo + la terminancion "ia" o "iera"

Ejemplo:

Verbos infinitivos: Ir = **Aller**   Correr = **Courir**

Yo iría a corer si tu vinieras conmigo.

J'irais courir si tu viendrais avec moi

Ejemplos

Ejemplos
Je pourrais aller courir si le temps est beau Yo podría ir a correr si el clima está agradable
Vous devriez venir étudier seulement si vous êtes prêt à le faire Usted debería venir a estudiar sólo si usted está listo para ello
J'irais vous rendre visite si vous étiez disponible pour moi Yo iría a visitarle si usted estuviera disponible para mí
Nous mangerions chez vous si vous faisiez la cuisine pour nous tous Nosotros comeríamos en su casa si ustedes cocinaran para todos nosotros
Ils vous appelleraient à midi si vous pouviez avoir une réponse pour eux Ellos llamarían al mediodía si usted tuviera una respuesta para ellos
Je vous emmènerais à l'aéroport si vous êtes prêt à 8 heure Yo le llevaría al aeropuerto si usted estuviera listo a las 8
Vous seriez très heureux si vous pouviez juste essayer de donner un coup de main Usted se sentiría muy contento si simplemente tratara de dar una mano
Elle les attendrait à midi s'ils se présentaient tous Ella esperaría por ellos al mediodía si todos ellos vienen
Ils préféreraient que vous ne fassiez rien pour le moment Ellos preferirían que usted no haga nada por el momento
Il essaierait de finir demain s'il est payé El trataría de terminar mañana si recibe el pago

Infinitivo	
Poder	**Pouvoir**
Deber	**Devoir**
Ir	**Aller**
Comer	**Manger**
Llamar	**Appeler**
Esperar	**Attendre**
Hablar	**Parler**
Estudiar	**Etudiar**
Comprar	**Acheter**
Llevar	**Prendre**

Condicional	
Podría	**Pourr**
Debería	**Devr**
Iría	**Irait**
Comería	**Mangerait**
Llamaría	**Appellerait**
Esperaría	**Attendrais**
Estudiaría	**j'étudierais**
Hablaría	**Parlerait**
Llevaría	**Prendrait**

Los 4 formatos en fórmula

("los verbos infinitivos" son la base de este curso)

Gerundio/ Gérondif (Acción)

FRANCÉS: Verbo Être + Verbo Infinitivo
ESPAÑOL: Verbo Estar + Verbo termina en "iendo" o "ando"

Ejemplo: Caminar = Marcher (Verbo Infinitivo)
      Yo estoy caminando a comer
      Je suis en train de marcher pour manger
      Je marches pour manger

Pasado Participio/Participio Passato

FRANCÉS: Verbo Etre / Avoir + Verbo terminado en "é-i-is-t-u."
ESPAÑOL: Verbo Haber + Verbo termiando en **"ido"** o **"ado."**

Ejemplo: Esperar = **Attendre**
      Yo he estado esperando por usted
      Je vous ai attendu

Futuro/ Futuro

FRANCÉS: Verbo aller + Verbo Infinitivo
ESPAÑOL: Verbo ir a + Verbo Infinitivo.
Ja vais – Yo voy a
Tu vas – Tu vas a
Vous alles – Usted va a
il/elle/on va – El/Ella van a
Nous allons – Nosotros vamos a
Vous allez – Ellos van a
Ils/els vont – Esto/Eso va a
Ejemplo: Comer = **Manger**
Yo voy a ir a comer después
Je vais manger plus tard

Condicional

FRANCÉS: Verbo Infinitivo + la terminación "-ais, -ais, -ait, -ions, -iez, -aient"
ESPAÑOL: Verbo infinitivo + la terminancion "ia" o "iera"

Ejemplo:
Verbos infinitivos: Ir = **Aller** Correr = **Courir**
Yo iría a corer si tu vinieras conmigo.
J'irais courir si tu viendrais avec moi

9no. Paso de Aprendizaje

Preguntas y Negaciones

Practíquelas, especialmente las conjugaciones y la pronunciación

Lección No. 14

Preguntas

En francés, Las preguntas son siempre y sólo formulado al voltear el sustantivo y el verbo.

Ejemplos:

Usted quiere ir a comer
¿Quiere usted ir a comer?
Veux-tu aller manger?
Voulez-vous aller manger?

Usted tiene que venir
¿Tiene usted que venir?
Devez-vous venir ?

Yo puedo ir a visitarla
¿Puedo yo ir a visitarla?
Puis-je aller la visiter?

Ella debería llamarme
¿Debería ella llamarme?
Devrait-elle m'appeler?

Negaciones

En francés, las negaciones son siempre y sólo formulado insertando el verbo entre **"Ne"** (Neuh) y **"Pas"** (Pah).

Ejemplos:

Usted quiere ir a comer
Usted no quiere ir a comer
Vous ne voulez pas aller manger
Tu ne veux pas aller manger

Usted tiene que venir
Usted no tiene que venir
Tu n'as pas à venir

Yo puedo ir a vistarla
Yo no puedo ir a visitarla
Je ne peux pas aller la voir

Ella debería llamarme
Ella no debería llamarme
Elle ne doit pas m'appeler

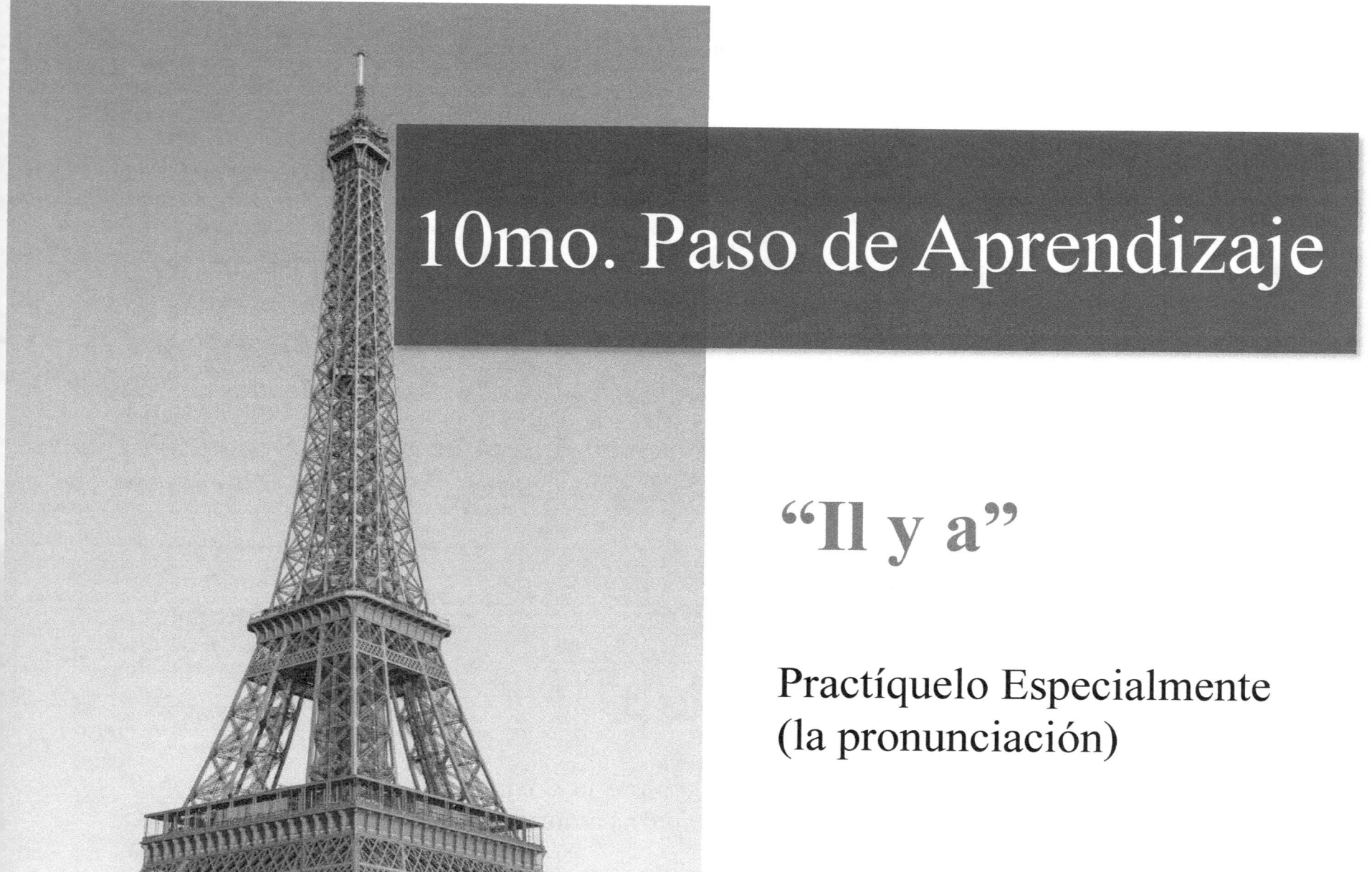

10mo. Paso de Aprendizaje

"Il y a"

Practíquelo Especialmente
(la pronunciación)

Lección No. 15

Il y a / Hay (ah-ee)

Il y a : Hay

Il y'a : Hay

Il y avait : Hubo

Il y avait : Hubo

Il y'a eu : Ha habido

Il y'a eu : Han habido

Il y aura : Va a haber

Il y aurait : Habría o hubiera

Il y aurait eu : Hubieran habido

11vo. Paso de Aprendizaje

"Er-Est-Y"

Aprenda cómo estas terminaciones son utilizadas en francés

Practíquelas, especialmente (la pronunciación)

Las terminaciones Er - Est – Y

Plus court(e)	Más corto	Le(La) plus court(e)	Lo más corto
Mieux	Mejor	Meilleur(e)	Lo major
Plus grand(e)	Más alto	Le(La) plus grand(e)	Lo más alto
Plus vite/ rapide	Más rápido	Le(La) plus rapide	Lo más rápido
Plus petit(e)	Más pequeño	Le(La) plus petit(e)	Lo más pequeño
Plus lent(e)	Más despacio	Le(La) plus lent(e)	Lo más despacio
Plus chaud(e)	Más caliente	Le(La) plus chaud(e)	Lo más caliente
Plus froid(e)	Más frío	Le(La) plus froid(e)	Lo más frío
Plus bête	Más tonto	Le(La) plus bête	Lo más tonto
Moins	Más poco	Le(La) moins nombrewux(se)	Lo más poco
Court(e)	Pequeño	Aussi…que	Tan…como
Tardif(ve)	Retardado	Plus…que	Más…que
Pleurnichard(e)	Lloroso		

Ejemplos:

Plus Court(e) Que
Más Corto Que

Mieux Que
Mejor Que

Plus Grand(e) Que
Más Alto Que

Plus Vite Que
Más Rápido Que

(e) (La) se refieren al sujeto femenino

La Terminación ER cuando es aplicada a un verbo infinitivo,
la convierte en una persona

	Masculino/ Femenina
Conduire – Manejar	**Conducteur/ Conductrice** – Conductor
Manger – Comer	**Mangeur/ Mangeuse** – Comilón/Glotón
Jouer – Jugar	**Joueur/ Joueuse** – Jugador
Courir – Corer	**Coureur/ Coureuse** – Corridor
Dormir – Dormir	**Dormeur/ Dormeuse** – Dormilón
Ecrire – Escribir	**Écrivain(e)** – Escritor
Lire – Leer	**Lecteur/ Lectrice** – Lector
Payer – Pagar	**Payeur/ Payeuse** – Pagador
Laver – Lavar	**Lavuer/ Laveuse** – Lavadora
Parler – Hablar	**Locuteur/ Locutrice** – Hablador

12vo. Paso de Aprendizaje

EL VERBO
"Avere"

Aprenda las múltiples reglas gramaticales de este verbo

Practíquelas, especialmente las conjugaciones y (la pronunciación)

Lección No. 18

El extraño caso del verbo Tener/Avere

En francés dependiendo de su uso, existen dos usos y reglas gramaticales distintas para el verbo **"Avere"**:

1) Propiedad o posesión

Ejemplos: J'ai une migraine / Yo tengo un dolor de cabeza.

J'ai un fils / Yo tengo un hijo.

2) Deber/ Responsabilidad

Ejemplos: Je dois partir/ Yo me tengo que ir

Je dois venir/ Usted tiene que venir

3) Pasado Participio (como algo que ya ha pasado)

Ejemplos: Je l'ai fait! / ¡Ya lo he hecho!

Propriedad	Deber/ Responsabilidad	Pasado Participio
Tener	Tener que	Haber
Ho una famiglia J'ai une famille	Tengo que ir a comer Je dois aller manger	Yo he ido a comer temprano Je suis allé manger tôt

Practiquemos lo que hemos aprendido

Verbo Infinitivo

Ejemplo: <u>Cuisiner</u> (Verbo Infinitivo) Cocinar

Las 4 Plantillas/ Formato

Presente	**Gerundio**	**Futuro**	**Pasado Participio**	**Condicional**
Yo cocino **Je cuisine**	Yo estoy cocinando **Je suis en train de cuisiner**	Yo voy a cocinar **Je vais cuisiner**	Yo he cocinado **J'ai cuisiné**	Yo cocinaría **Je cuisinerais**
Yo voy a estar cocinando **Je vais cuisiner**	Yo estaba cocinando **J'étais en train de cuisiner**	Yo tengo que cocinar **Je dois cuisiner**	Yo he estado cocinando **J'étais en train de cuisiner**	
Yo hubiera cocinado **J'aurais cuisiné**	Yo cociné **J'ai cuisiné**			

Ejemplo: <u>Attendre</u> (Verbo Infinitivo) Esperar

Las 4 Plantillas/ Formato

Presente	**Gerundio**	**Futuro**	**Pasado Participio**	**Condicional**
Yo espero **J'attends**	Yo estoy esperando **Je suis en train d'attendre**	Yo voy a esperar **Je vais attendre**	Yo he esperado **J'ai attendu**	Yo esperaría **J'attendrais**
Yo voy a estar esperando **Je vais attendre**	Yo estaba esperando **J'étais en train d'attendre**	Yo tengo que esperar **Je dois attendre**	Yo he estado esperando **J'étais en train d'attendre**	
Yo hubiera esperado **J'aurais attendu**	Yo esperé **J'ai attendu**			

Verbo Infinitivo

Ejemplo: <u>Courir</u> (Verbo Infinitivo) **Correr**

Presente	Gerundio	Futuro	Pasado Participio	Condicional
Yo corro	Yo estoy corriendo	Yo voy a correr	Yo he corrido	Yo correría
Yo voy a estar corriendo	Yo estaba corriendo	Yo tengo que correr	Yo he estado corriendo	
Yo hubiera corrido	Yo corrí			

Ejemplo: <u>Manger</u> (Verbo Infinitivo) **Comer**

Presente	Gerundio	Futuro	Pasado Participio	Condicional
Yo como	Yo estoy comiendo	Yo voy a comer	Yo he comido	Yo comería
Yo voy a estar comiendo	Yo estaba comiendo	Yo tengo que comer	Yo he estado comiendo	
Yo hubiera comido	Yo comí			

Verbo Infinitivo

Ejemplo: <u>Parler</u> (Verbo Infinitivo) Hablar

Presente Yo hablo	**Gerundio** Yo estoy hablando	**Futuro** Yo voy a hablar	**Pasado Participio** Yo he hablado	**Condicional** Yo hablaría
Yo voy a estar hablando	Yo estaba hablando	Yo tengo que hablar	Yo he estado hablando	
Yo hubiera hablado	Yo hablé			

Ejemplo: <u>Appeler</u> (Verbo Infinitivo) Llamar

Presente Yo llamo	**Gerundio** Yo estoy llamando	**Futuro** Yo voy a llamar	**Pasado Participio** Yo he llamado	**Condicional** Yo llamaría
Yo voy a estar llamando	Yo estaba llamando	Yo tengo que llamar	Yo he estado llamando	
Yo hubiera llamado	Yo llamé			

Verbo Infinitivo

Ejemplo: <u>Apporter</u> (Verbo Infinitivo) Llevar

Presente	**Gerundio**	**Futuro**	**Pasado Participio**	**Condicional**
Yo llevo	Yo estoy llevando	Yo voy a llevar	Yo he llevado	Yo llevaría
Yo voy a estar llevando	Yo estaba llevando	Yo tengo que llevar	Yo he estado llevando	
Yo hubiera llevado	Yo llevé			

Ejemplo: <u>Recevoir</u> (Verbo Infinitivo) Recibir

Presente	**Gerundio**	**Futuro**	**Pasado Participio**	**Condicional**
Yo recibo	Yo estoy recibiendo	Yo voy a recibir	Yo he recibido	Yo recibiría
Yo voy a estar recibiendo	Yo estaba recibiendo	Yo tengo que recibir	Yo he estado recibiendo	
Yo hubiera recibido	Yo recibí			

Verbo Infinitivo

Ejemplo: <u>Penser</u> (Verbo Infinitivo) Pensar

Presente Yo pienso	**Gerundio** Yo estoy pensando	**Futuro** Yo voy a pensar	**Pasado Participio** Yo he pensado	**Condicional** Yo pensaría
Yo voy a estar pensando	Yo estaba pensando	Yo tengo que pensar	Yo he estado pensando	
Yo hubiera pensado	Yo pensé			

Ejemplo: <u>Étudier</u> (Verbo Infinitivo) Estudiar

Presente Yo estudio	**Gerundio** Yo estoy estudiando	**Futuro** Yo voy a estudiar	**Pasado Participio** Yo he estudiado	**Condicional** Yo estudiaría
Yo voy a estar estudiando	Yo estaba estudiando	Yo tengo que estudiar	Yo he estado estudiando	
Yo hubiera estudiado	Yo estudié			

Verbo Infinitivo

Ejemplo: <u>Écrire</u> (Verbo Infinitivo) Escribir

<u>Presente</u> Yo escribo	**<u>Gerundio</u>** Yo estoy escribiendo	**<u>Futuro</u>** Yo voy a escribir	**<u>Pasado Participio</u>** Yo he escrito	**<u>Condicional</u>** Yo escribiría
Yo voy a estar escribiendo	Yo estaba escribiendo	Yo tengo que escribir	Yo he estado escribiendo	
Yo hubiera escrito	Yo escribí			

Ejemplo: <u>Lis</u> (Verbo Infinitivo) Leer

<u>Presente</u> Yo leo	**<u>Gerundio</u>** Yo estoy leyendo	**<u>Futuro</u>** Yo voy a leer	**<u>Pasado Participio</u>** Yo he leido	**<u>Condicional</u>** Yo leería
Yo voy a estar leyendo	Yo estaba leyendo	Yo tengo que leer	Yo he estado leyendo	
Yo hubiera leído	Yo leí			

Verbo Infinitivo

Ejemplo: <u>Fais</u> (Verbo Infinitivo) Hacer

Presente Yo hago	**Gerundio** Yo estoy haciendo	**Futuro** Yo voy a hacer	**Pasado Participio** Yo he hecho	**Condicional** Yo haría
Yo voy a estar haciendo	Yo estaba haciendo	Yo tengo que hacer	Yo he estado haciendo	
Yo hubiera hecho	Yo hice			

Ejemplo: <u>Travailler</u> (Verbo Infinitivo) Trabajar

Presente Yo trabajo	**Gerundio** Yo estoy trabajando	**Futuro** Yo voy a trabajar	**Pasado Participio** Yo he trabajado	**Condicional** Yo trabajaría
Yo voy a estar trabajando	Yo estaba trabajando	Yo tengo que trabajar	Yo he estado trabajando	
Yo hubiera trabajado	Yo trabajé			

Negación

Ejemplo: <u>Cuisiner</u> (Verbo Infinitivo) Cocinar

Presente	Gerundio	Futuro	Pasado Participio	Condicional
Yo no cocino	Yo no estoy cocinando	Yo no voy a cocinar	Yo no he cocinado	Yo no cocinaría
Je ne cuisine pas	**Je ne suis pas en train de cuisiner**	**Je ne vais pas cuisiner**	**Je n'ai pas cuisiné**	**Je ne cuisinerais pas**
Yo no voy a estar cocinando	Yo no estaba cocinando	Yo no tengo que cocinar	Yo no he estado cocinando	
Je ne vais pas cuisiner	**Je n'étais pas en train de cuisiner**	**Je n'ai pas à cuisiner**	**Je n'étais pas en train de cuisiner**	
Yo no hubiera cocinado	Yo no cociné			
Je n'aurais pas cuisiné	**Je n'ai pas cuisiné**			

Ejemplo: <u>Attendre</u> (Verbo Infinitivo) Esperar

Presente	Gerundio	Futuro	Pasado Participio	Condicional
Yo no espero	Yo estoy esperando	Yo no voy a esperar	Yo no he esperado	Yo no esperaría
Je n'attends pas	**Je ne suis pas en train d'attendre**	**Je ne vais pas attendre**	**Je n'ai pas attendu**	**Je n'attendrais pas**
Yo no voy a estar esperando	Yo no estaba esperando	Yo no tengo que esperar	Yo no he estado esperando	
Je ne vais pas attendre	**Je n'étais pas en train d'attendre**	**Je n'ai pas à attendre**	**Je n'étais pas en train d'attendre**	
Yo no hubiera esperado	Yo no esperé			
Je n'aurais pas attendu	**Je n'ai pas attendu**			

Negación

Ejemplo: <u>Courir</u> (Verbo Infinitivo) Correr

Presente	**Gerundio**	**Futuro**	**Pasado Participio**	**Condicional**
Yo no corro	Yo no estoy corriendo	Yo no voy a correr	Yo no he corrido	Yo no correría
Yo no voy a estar corriendo	Yo no estaba corriendo	Yo no tengo que correr	Yo no he estado corriendo	
Yo no hubiera corrido	Yo no corrí			

Ejemplo: <u>Manger</u> (Verbo Infinitivo) Comer

Presente	**Gerundio**	**Futuro**	**Pasado Participio**	**Condicional**
Yo no como	Yo no estoy comiendo	Yo no voy a comer	Yo no he comido	Yo no comería
Yo no voy a estar comiendo	Yo no estaba comiendo	Yo no tengo que comer	Yo no he estado comiendo	
Yo no hubiera comido	Yo no comí			

Negación

Ejemplo: <u>**Parler**</u> **(Verbo Infinitivo) Hablar**

Presente Yo no hablo	**Gerundio** Yo no estoy hablando	**Futuro** Yo no voy a hablar	**Pasado Participio** Yo no he hablado	**Condicional** Yo no hablaría
Yo no voy a estar hablando	Yo no estaba hablando	Yo no tengo que hablar	Yo no he estado hablando	
Yo no hubiera hablado	Yo no hablé			

Ejemplo: <u>**Appeler**</u> **(Verbo Infinitivo) Llamar**

Presente Yo no llamo	**Gerundio** Yo no estoy llamando	**Futuro** Yo no voy a llamar	**Pasado Participio** Yo no he llamado	**Condicional** Yo no llamaría
Yo no voy a estar llamando	Yo no estaba llamando	Yo no tengo que llamar	Yo no he estado llamando	
Yo no hubiera llamado	Yo no llamé			

Negación

Ejemplo: <u>Apporter</u> (Verbo Infinitivo) Llevar

Presente Yo no llevo	**Gerundio** Yo no estoy llevando	**Futuro** Yo no voy a llevar	**Pasado Participio** Yo no he llevado	**Condicional** Yo no llevaría
Yo no voy a estar llevando	Yo no estaba llevando	Yo no tengo que llevar	Yo no he estado llevando	
Yo no hubiera llevado	Yo no llevé			

Ejemplo: <u>Recevoir</u> (Verbo Infinitivo) Recibir

Presente Yo no recibo	**Gerundio** Yo no estoy recibiendo	**Futuro** Yo no voy a recibir	**Pasado Participio** Yo no he recibido	**Condicional** Yo no recibiría
Yo no voy a estar recibiendo	Yo no estaba recibiendo	Yo no tengo que recibir	Yo no he estado recibiendo	
Yo no hubiera recibido	Yo no recibí			

Negación

Ejemplo: <u>Penser</u> **(Verbo Infinitivo) Pensar**

Presente	**Gerundio**	**Futuro**	**Pasado Participio**	**Condicional**
Yo no penso	Yo no estoy pensando	Yo no voy a pensar	Yo no he pensado	Yo no pensaría
Yo no voy a estar pensando	Yo no estaba pensando	Yo no tengo que pensar	Yo no he estado pensando	
Yo no hubiera pensado	Yo no pensé			

Ejemplo: <u>Étudier</u> **(Verbo Infinitivo) Estudiar**

Presente	**Gerundio**	**Futuro**	**Pasado Participio**	**Condicional**
Yo no estudio	Yo no estoy estudiando	Yo no voy a estudiar	Yo no he estudiado	Yo no estudiaría
Yo no voy a estar estudiando	Yo no estaba estudiando	Yo no tengo que estudiar	Yo no he estado estudiando	
Yo no hubiera estudiado	Yo no estudié			

Negación

Ejemplo: <u>Écrire</u> (Verbo Infinitivo) Escribir

Presente	Gerundio	Futuro	Pasado Participio	Condicional
Yo no escribo	Yo no estoy escribiendo	Yo no voy a escribir	Yo no he escrito	Yo no escribiría
Yo no voy a estar escribiendo	Yo no estaba escribiendo	Yo no tengo que escribir	Yo no he estado escribiendo	
Yo no hubiera escrito	Yo no escribí			

Ejemplo: <u>Lis</u> (Verbo Infinitivo) Leer

Presente	Gerundio	Futuro	Pasado Participio	Condicional
Yo no leo	Yo no estoy leyendo	Yo no voy a leer	Yo no he leido	Yo no leería
Yo no voy a estar leyendo	Yo no estaba leyendo	Yo no tengo que leer	Yo no he estado leyendo	
Yo no hubiera leído	Yo no leí			

Negación

Ejemplo: <u>Fais</u> (Verbo Infinitivo) Hacer

Presente Yo no hago	**Gerundio** Yo no estoy haciendo	**Futuro** Yo no voy a hacer	**Pasado Participio** Yo no he hecho	**Condicional** Yo no haría
Yo no voy a estar haciendo	Yo no estaba haciendo	Yo no tengo que hacer	Yo no he estado haciendo	
Yo no hubiera hecho	Yo no hice			

Ejemplo: <u>Travailler</u> (Verbo Infinitivo) Trabajar

Presente Yo no trabajo	**Gerundio** Yo no estoy trabajando	**Futuro** Yo no voy a trabajar	**Pasado Participio** Yo no he trabajado	**Condicional** Yo no trabajaría
Yo no voy a estar trabajando	Yo no estaba trabajando	Yo no tengo que trabajar	Yo no he estado trabajando	
Yo no hubiera trabajado	Yo no trabajé			

Preguntas

Ejemplo: <u>Cuisiner</u> (Verbo Infinitivo) Cocinar

<u>Presente</u>	<u>Gerundio</u>	<u>Futuro</u>	<u>Pasado Participio</u>	<u>Condicional</u>
¿Cocino yo? **Est-ce que je cuisine ?**	¿Estoy yo cocinando? **Suis-je en train de cuisiner ?**	¿Voy a cocinar yo? **Vais-je cuisiner ?** **Est-ce que je vais cuisiner ?**	¿He yo cocinado? **Ai-je cuisiné ?**	¿Cocinaría yo? **Cuisinerais-je ?**
¿Voy a estar cocinando yo? **Vais-je cuisiner ?**	¿Estuve cocinando yo? **Est-ce que je cuisinais ?**	¿Tengo yo que cocinar? **Dois-je cuisiner ?**	¿He estado cocinando yo? **Étais-je en train de cuisiner ?**	
¿Hubiera yo cocinado? **Aurais-je cuisiné ?**	¿Cociné yo? **Ai-je cuisiné ?**			

Ejemplo: <u>Attendre</u> (Verbo Infinitivo) Esperar

<u>Presente</u>	<u>Gerundio</u>	<u>Futuro</u>	<u>Pasado Participio</u>	<u>Condicional</u>
¿Espero yo? **Est-ce que j'attends?**	¿Estoy yo esperando? **Suis-je en train d'attendre ?**	¿Voy yo a esperar? **Vais-je attendre ?**	¿He yo esperado? **Ai-je attendu ?**	¿Esperaría yo? **Attendrais-je ?**
¿Voy a estar esperando yo? **Vais-je attendre ?**	¿Estaba esperando yo? **Est-ce que j'attendais ?**	¿Tengo que esperar yo? **Dois-je attendre ?**	¿He estado esperando yo? **Etais-je en train d'attendre ?**	
¿Hubiera esperado yo? **Aurais-je attendu ?**	¿Esperé yo? **Ai-je attendu ?**			

Preguntas

Ejemplo: <u>Courir</u> **(Verbo Infinitivo) Correr**   **Las 4 Plantillas/ Formato**

Presente ¿Corro yo?	**Gerundio** ¿Estoy yo corriendo?	**Futuro** ¿Voy a correr yo?	**Pasado Participio** ¿He yo corrido?	**Condicional** ¿correría yo?
¿Voy a estar corriendo yo?	¿Estaba corriendo yo?	¿Tengo yo que correr?	¿He estado corriendo yo?	
¿Hubiera yo corrido?	¿Corrí yo?			

Ejemplo: <u>Manger</u> **(Verbo Infinitivo) Comer**   **Las 4 Plantillas/ Formato**

Presente ¿Como yo?	**Gerundio** ¿Estoy yo comiendo?	**Futuro** ¿Voy yo a comer?	**Pasado Participio** ¿He yo comido?	**Condicional** ¿Comería yo?
¿Voy a estar comiendo yo?	¿Estaba comiendo yo?	¿Tengo que comer yo?	¿He estado comiendo yo?	
¿Hubiera comido yo?	¿Comí yo?			

Preguntas

Ejemplo: <u>**Parler**</u> **(Verbo Infinitivo) Hablar**

Las 4 Plantillas/ Formato

Presente ¿Hablo yo?	**Gerundio** ¿Estoy yo hablando?	**Futuro** ¿Voy a hablar yo?	**Pasado Participio** ¿He yo hablado?	**Condicional** ¿Hablaría yo?
¿Voy a estar hablando yo?	¿Estaba hablando yo?	¿Tengo yo que hablar?	¿He estado hablando yo?	
¿Hubiera yo hablado?	¿Hablé yo?			

Ejemplo: <u>**Appeler**</u> **(Verbo Infinitivo) Llamar**

Las 4 Plantillas/ Formato

Presente ¿Llamo yo?	**Gerundio** ¿Estoy yo llamando?	**Futuro** ¿Voy yo a llamar?	**Pasado Participio** ¿He yo llamado?	**Condicional** ¿llamaría yo?
¿Voy a estar llamando yo?	¿Estaba llamando yo?	¿Tengo que llamar yo?	¿He estado llamando yo?	
¿Hubiera llamado yo?	¿Llamé yo?			

Preguntas

Ejemplo: <u>Apporter</u> (Verbo Infinitivo) Llevar   **Las 4 Plantillas/ Formato**

Presente ¿Llevo yo?	**Gerundio** ¿Estoy yo llevando?	**Futuro** ¿Voy a llevar yo?	**Pasado Participio** ¿He yo llevado?	**Condicional** ¿Llevaría yo?
¿Voy a estar llevando yo?	¿Estaba llevando yo?	¿Tengo yo que llevar?	¿He estado llevando yo?	
¿Hubiera yo llevado?	¿Llevé yo?			

Ejemplo: <u>Recevoir</u> (Verbo Infinitivo) Recibir   **Las 4 Plantillas/ Formato**

Presente ¿Recibo yo?	**Gerundio** ¿Estoy yo recibiendo?	**Futuro** ¿Voy yo a recibir?	**Pasado Participio** ¿He yo recibido?	**Condicional** ¿Recibiría yo?
¿Voy a estar recibiendo yo?	¿Estaba recibiendo yo?	¿Tengo que recibir yo?	¿He estado recibiendo yo?	
¿Hubiera recibido yo?	¿Recibí yo?			

Preguntas

Ejemplo: <u>Penser</u> (Verbo Infinitivo) Pensar

Presente	**Gerundio**	**Futuro**	**Pasado Participio**	**Condicional**
¿Pienso yo?	¿Estoy yo pensando?	¿Voy a pensar yo?	¿He yo pensado?	¿Pensaría yo?
¿Voy a estar pensando yo?	¿Estaba pensando yo?	¿Tengo yo que pensar?	¿He estado pensando yo?	
¿Hubiera yo pensado?	¿Pensé yo?			

Ejemplo: <u>Étudier</u> (Verbo Infinitivo) Estudiar

Presente	**Gerundio**	**Futuro**	**Pasado Participio**	**Condicional**
¿Estudio yo?	¿Estoy yo estudiando?	¿Voy yo a estudiar?	¿He yo estudiado?	¿Estudiaría yo?
¿Voy a estar estudiando yo?	¿Estaba estudiando yo?	¿Tengo que estudiar yo?	¿He estado estudiando yo?	
¿Hubiera estudiado yo?	¿Estudié yo?			

Preguntas

Ejemplo: <u>Écrire</u> (Verbo Infinitivo) Escribir

Las 4 Plantillas/ Formato

Presente	**Gerundio**	**Futuro**	**Pasado Participio**	**Condicional**
¿Escribo yo?	¿Estoy yo escribiendo?	¿Voy a escribir yo?	¿He yo escribido?	¿Escribiría yo?
¿Voy a estar escribiendo yo?	¿Estaba escribiendo yo?	¿Tengo yo que escribir?	¿He estado escribiendo yo?	
¿Hubiera yo escribido?	¿Escribí yo?			

Ejemplo: <u>Lis</u> (Verbo Infinitivo) Leer

Las 4 Plantillas/ Formato

Presente	**Gerundio**	**Futuro**	**Pasado Participio**	**Condicional**
¿Leo yo?	¿Estoy yo leyendo?	¿Voy yo a leer?	¿He yo leído?	¿Leería yo?
¿Voy a estar leyendo yo?	¿Estaba leyendo yo?	¿Tengo que leer yo?	¿He estado leyendo yo?	
¿Hubiera leído yo?	¿Leí yo?			

Preguntas

Ejemplo: <u>Fais</u> (Verbo Infinitivo) Hacer

Las 4 Plantillas/ Formato

Presente	**Gerundio**	**Futuro**	**Pasado Participio**	**Condicional**
¿Hago yo?	¿Estoy yo haciendo?	¿Voy a hacer yo?	¿He yo hecho?	¿Haría yo?
¿Voy a estar haciendo yo?	¿Estaba haciendo yo?	¿Tengo yo que hacer?	¿He estado haciendo yo?	
¿Hubiera yo hecho?	¿Hice yo?			

Ejemplo: <u>Travailler</u> (Verbo Infinitivo) Trabajar

Las 4 Plantillas/ Formato

Presente	**Gerundio**	**Futuro**	**Pasado Participio**	**Condicional**
¿Trabajo yo?	¿Estoy yo trabajando?	¿Voy yo a trabajar?	¿He yo trabajado?	¿Trabajaría yo?
¿Voy a estar trabajando yo?	¿Estaba trabajando yo?	¿Tengo que trabajar yo?	¿He estado trabajando yo?	
¿Hubiera trabajado yo?	¿Trabajé yo?			

Vocabulario en francés

Vocabulario en francés

A

A: un/une
Abril: avril
A esta hora: À cette heure
A las: À
A menos que: À moins que
A pesar de: bien que
A propósito: À propos
A punto de: au point de
A qué distancia: À quelle distance
A qué hora: À quelle heure
A quién: À qui
A través: À travers
A través de lo cual: À travers lequel
Abajo: vers le bas
Abierto: ouvert
Abrigo: manteau
Acerca de: acerca de
Adentro: À l'intérieur
Adonde: où aller
Aduana: douane
Afuera: À l'extérieur
Agradable: agréable
Agua: eau
Ahora: À présent
Ahora mismo: ahora mismo
Aerolínea: compagnie aérienne

Aire: Air
Avión: Avion
Algo: Quelque chose
Alguien: Quelqu'un
Alguno: Quelques
Al Lado: À côté
Allá: Là
Almacén: Entrepôt
Alto: Haut
Almacén: Entrepôt
Amable: Aimable
Amarillo: Jaune
Ambos: Les deux
Amistoso: Amical
Año: An
Ancho: Largeur
Antes: Avant de
Apenado: Pardon
Apenas: À peine
Aquellos: Ceux
Aquí: Ici
Arriba: En haut
Arroz: Riz
Asado: Rôtir
Aturdido: Étourdi
Aun Cuando: Même si
Aunque: Même si
Autobus: Bus

Automovil: Auto
Aviso: Avertissement
Ayer: Hier
Ayuda: Aide
Azafata: Hôtesse
Azúcar: Sucre
A Propósito: À propos
A Pesar De: Bien que
Ajo: Ail

B

Baile: Danse
Bajo: Bas
Banco: Banque
Bandera: Drapeau
Baño: Bain
Barato: Bon marché
Barco: Bateau
Básico: Basique
Bastante: Assez
Bebé: Bébé
Bicicleta: Vélo
Bien: Bien
Bien Sea: Tant pis
Bocadillo: Goûter
Bolsa: Sac
Bolsillo: Poche
Bulto: Forfait

Vocabulario en francés

Bota: Botte
Botella: Bouteille
Botón: Bouton
Bueno: Bon
Billetera: Porte monnaie

C

Cada: Chaque
Caliente: Chaud
Carente De: Manque de
Casi: Presque
Cautela: Mise en garde
Ceder El Paso: Céder le passage
Cerca: Proche
Cierto: Certain
Clase: Classe
Colapso: Effondrement
Cómo: Comment
Completo: Complet
Con: Avec
Conmigo: Avec moi
Cosa: Des trucs
Considerando Que: Alors que
Contigo: Avec vous
Cuál: Qui
Cualquiera: Cualquiera
Cuando: Lorsque
Cuando Sea: À tout moment

Cuánto: combien
Cuidado: fais attention

D

Dama: Dame
De: Da
De buena gana: Volontiers
De cualquier manera: De toute façon
De guardia: De garde
De nuevo: De nuevo
De otra manera: D'une autre manière
De quien: De qui
Debajo: En dessous de
Delgado: Mince
Demasiado: Aussi
Dentista: Dentiste
Dentro: Dans
Deportes: Des sports
Derecho(a): Droit
Desafortunadamente: Malheureusement
Desagradable: Désagréable
Descuento: Remise
Desierto: Désert
Desfile: Parade
Dentro de: Dans
Despacio: Tout doucement
Después: Après

Detrás De: Derrière
Desviación: Déviation
Día: Jour
Diario: Du quotidien
Diez: Dix
Difícil: Dur
Diciembre: Décembre
Diccionario: Dictionnaire
Dinero: Argent
Dirección: Adresse
Disponible: Disponible
Divertido: Drôle
Dividido Por: Divisé par
Doce: Douze heures
Dolor: La douleur
Dónde: Où
Donde Se Encuentre: Où trouver
Docena: Douzaine
Ducha: Douche

E

En Particular: En particulier
En Proceso: En procès
En Seguida: Tout de suite
En Vez De: Au lieu de
Entre: Parmi
Es Necesario: Il faut
Esta Noche: Cette nuit

Vocabulario en francés

Específico: Spécifique
Esto(a): Cette
Estos: Ces
Extraño: Bizarre
Estrecho: Proche
Empujar: Pousser
En: Dans
En algún lugar: Quelque part
En buena salud: en bonne
santé
En caso de: En caso de
En contra de: Contre
En frente de: En face de
En la: Dans la
En orden de: Dans l'ordre de

F

Fácilmente: Facilement
Factible: Réalisable
Falla: Échec
Familia: Famille
Farmacia: Pharmacie
Febrero: Février
Feria: Fête
Ferrocarril: Chemin de fer
Fiebre: Fièvre
Fiesta: Faire la fête

Fino: Bien
Frito: Frit
Fruta: Fruit
Fuego: Feu

G

Gas: Gaz
Gasolina: De l'essence
Grande: Grand
Grueso: Épais
Goteo: Goutte
Gafas: Lunettes
Gracias: Merci
Gratis: Libre
Gris: Gris
Gente: Personnes
Gerente: Gestionnaire
Guante: Gant
Guía: Guide
Guisantes: Pois verts

H

Hombres: Hommes
Horno: Four
Hace: Fait
Hecho En: Fait en
Hora: Heure
Huevo: Œuf

Hacia: Envers
Helado: Congelé
Horario: Programme
Halar: Tirer
Hombre: Hommes
Horneado: Cuit
Hasta luego: À plus tard
Hubo: Il y avait
Habrían estado: Ils auraient été
Habrían sido: Aurait été
Ha habido: Il y a eu
Habrían habido: il y aurait eu
Han estado: Ils ont été
Han sido: Ils ont été

I

Ida Y vuelta: Aller-retour
Iglesia: Église
Imposible: Impossible
Improbable: Peu probable
Incluido: Inclus
Inmediatamente: Immédiatement
Insecto: Insecte
Izquierda: Gauche

J

Jabón: Du savon
Jefe: Chef

Vocabulario en francés

Joyas: Bijoux
Juego: Jouer
Jugo: Jugo
Junio: Juin
Juntos: Ensemble
Justo: Juste

L
Llave: Clé
Lluvia: Pluie
Loco: Fou
Lúcido: Lucide
Luego: Alors
Lunes: Lundi
Lado: Côté
Ladron: Ladron
Largo: Long
Lavabo: Évier
Laxante: Laxatif
Leche: Du lait
Lechuga: Salade
Legal: Juridique
Legumbres: Légumineuses
Lejos: Loin
Lentes: Lunettes
Lento: Lent
Libre: Libre

Limón: Citron
Limonada: Limonade
Listo: Intelligent
Lista: Prêt

M
Maleta: Sac
Mañana: Matin
Mantener: Tenir
Mantequilla: Le beurre
Manzana: Pomme
Máquina: Machine
Marido: Mari
Marrón: Marron
Más allá: Au delà
Menos: Moins
Media: Demi
Medianoche: Minuit
Medio: Moyen
Mediodía: Midi
Menú: Menu
Menu : Messaggio
Menos: Moins
Mermelada: Confiture
Mes: Mois
Mesonero: Aubergiste
Mientras que: Tandis que

Mucho: Beaucoup
Mientras: Alors que
Muchos: Beaucoup de

N
Naranja: Orange
Nave: Bateau
Necesario: Nécessaire
Necesitado: Nécessiteux
Ninguno: Aucun
No: Non
Nuevo: Nouveau
Nuevamente: Nuevamente
Nunca: Jamais

O
O: SOIT
Objetos de valor: Objets de valeur
Obras: Pièces
Obvio: Évident
Ocupado: Occupé
Octubre: Octobre
Ojo: Œil
Once: Onze
Oscuro: Sombre
Otoño: Automne
Otro: Autre

Vocabulario en francés

P

Placer: Plaisir
Plancha: Le fer
Poco: Un petit peu
Por consiguiente: Par conséquent
Por costumbre: Par habitude
Por la razón: Pour la raison
Por lo tanto: Donc
Por qué: Por qué
Pregunta: Interroger
Presentar: Présenter
Primavera: Le printemps
Privado: Privé
Probablemente: Probablemente
Problema: Problème
Profundamente: Profondément
Pronto: Bientôt
Próximo: Prochain
Policía: Policier
Por ciento: Pourcent
Portero: Gardien de but
Puede Ser: Peut être
Punto: Endroit
Panadería: Pâtisserie
Pañales: Couches
Papá: Pomme de terre
Para: Pour

Pare: Arrêt
Pareciera: Il semble
Parece: Il semble
Parque: Se garer
Pasaje: Passage
Papas: Pommes de terre
Papel higiénico: Papier hygiénique
Paraguas: Parapluie
Pasaporte: Passeport
Payment: Paiement
Película: Film
Pequeño: Peu
Por día: Par jour
Por supuesto: Bien sûr
Postre: Dessert
Perdóneme: Pardon
Pero: Mais
Pesado: Lourd
Pasajero: Passager

Q

Querido: Cher
Queso: Fromage

R

Radiador: Radiateur
Rápido: Vite

Rebaja: Réduction
Rebajas: Remises
Regalo: Cadeau
Relativo: Relatif
Reloj: L'horloge
Repita: Répéter
Ridículo: Ridicule
Riña: Lutte
Robo: A volé
Ropa: Vêtements
Responsable: Responsable
Ruido: Bruit
Rutina: Routine
Ruptura: Interruption

S

Sabiduría: Sagesse
Sabor: Goûter
Sabroso: Délicieux
Sacar: Enlever
Sacrificar: Sacrifice
Sagrado: Sacré
Saltar: Sauter
Secreto: Secret
Serio: Sérieux
Servicio: Service
Silbar: Siffler

Silencio: Le silence
Sistema: Système
Sociedad: Société
Soleado: Ensoleillé
Solidez: Solidité
Sordo: Sourd
Sorpresa: Surprendre
Sublime: Sublime
Suspiro: Soupir
Sustituir: Remplacer
Susto: Effrayer
Susurro: Chuchotement

T

Tachar: Barrer
Taller: Atelier
Tambor: Tambouriner
Tangente: Tangente
Taxista: Chauffeur de taxi
Techo: Le plafond
Teja: Tuile
Tema: Thème
Temor: Craindre
Temprano: Tôt
Tendencia: S'orienter
Terreno: Terrain
Tesoro: Trésor
Tiempo: Temps

Timbre: Sonnette
Tristeza: Tristesse
Todopoderoso: Tout-Puissant
Tonto: Bête
Tos: Toux
Tribuna: Tribune
Tunel: Tunnel
Turismo: Tourisme

U

Último: Dernier
Urgencia: Urgence
Urgente: Urgent
Utilidad: Utilitaire
Usual: Habituel
Usurero: Usurier
Usurpar: Usurper
Usuario: Utilisateur
Universidad: l'universitè
Urbanista: Urbaniste
Universo: Univers

V

Vacaciones: Des vacances
Vacante: Vacant
Variedad: Variété
Valor: La peine
Vanidad: Vanité

Vehículo: Vehículo
Velero: Voilier
Verdad: Vérité
Versatil: Polyvalent
Vida: La vie
Viejo: Agé de
Víspera: Veille
Vitamina: Vitamine
Virilidad: Virilité
Voraz: Vorace

WX

Y

Yacimiento: Verser
Yanqui: Yankee
Yarda: Cour
Yerba: Herbe

Z

Zancadilla: Trébucher
Zángano: Drone
Zapato: Chaussure
Zapatero: Cordonnier
Zona: Zone
Zumbido: Bourdonner
Zumo: Jus
Zorro: Renard